I0418702

Diccionario de Caliche y Modismos Salvadoreños

Así Hablamos En El Salvador

Por Luis A. Portillo

ISBN: 979-8-9870869-0-2

SALUDOS

Gracias por leer este libro, quiero recordarte nada más que muchas palabras están dichas o escritas en una forma que parecerían estar gramáticamente mal, pero no es así, la razón es que en El Salvador hablamos el antiguo castellano que usa el voseo, o sea, para referirnos a la segunda persona usamos vos en lugar de tu. Ejemplo, nosotros decimos:

Hola vos, vení sentate y decime qué ondas.

Que traducido es: *Hola tú, ven y siéntate y dime como están las cosas.*

Encima, hemos mezclado nuestro castellano con un sinnúmero de vocablos de origen Náhuatl (Maya-Náhuan) así como también con anglicismos, galicismos, y muchos otros.

NO PEDIMOS DISCULPAS POR LAS MALAS PALABRAS

Porque, como señalara Leonardo Heredia en su producción discográfica 'Charada En Che', en El Salvador no existen las malas palabras, toda la palabra es buena, milagrosa, plena de esplendor y esencia. Desde la palabra clara, elegante, fina e imaginativa, hasta la que reúne la hermosa sustancialidad del insulto callejero, pues todas transmiten las más íntimas emociones. De acuerdo a esto, la acción de reprender a alguien por su modismo nacional no sólo lo señala como ignorante e intolerante, sino que también señala la falta de conocimiento cultural.

DEDICACIÓN

Este pequeño diccionario está dedicado a todos los salvadoreños, especialmente a los hermanos de la diáspora, a los que una vez el poeta Roque Dalton llamó: "A los siempre sospechosos de todo… *"me permito remitirle al interfecto por esquinero sospechoso, ah, y con el agravante de ser salvadoreño"*. a esos, a los que lloran borrachos al escuchar el himno nacional bajo el ciclón del Pacífico o las nieves del norte, a mis compatriotas, a mis hermanos.

¿PERO POR QUÉ EL USO DE NOMBRES EN INGLÉS?

Simple, porque en El Salvador como en Latino América, padres de familia están optando por esos nombres que, según ellos, tienen distinción y suenan bonito y por eso, nombres de origen estadounidense son ahora muy comunes en nuestros jóvenes como Brayan Sánchez y Kevin Gómez. Nombres como Carlos, Braulio, Ricardo, Victoria o Beatriz o cualquier nombre en español según muchos, son ahora indecorosos o de 'indio', sobre todo para aquellos que se la pican de ser de la clase noble.

POR ÚLTIMO

Si vos sos un Guanaco cachimbón, lo más seguro es que sabés de otras palabras o modismos que se nos escamotearon, o ves un error de ortografía, etc., podés escribirnos un email a diccionario@diasporasvusa.com y lo vamos a incluir en nuestro próximo libro.

ADVERTENCIA
LENGUAGE SOEZ
Este Libro contiene material ofensivo
considerado como 'malas palabras'.

**Se recomienda a personas
mayores de 18 años.**

ÍNDICE

¡A LA GRAN PUTA!: Expresión de <u>molestia, asombro, frustración</u>, o de simple agüite. Ejemplo: *"Kevin dice desconsolado- <u>¡A la gran puta!</u> Perdió otra vez la Selecta".*

A LA HORA DE LOS VERGAZOS: Equivale a decir '<u>la hora de la verdad</u>' y significa 'el momento más importante y decisivo en un proceso'.

¡A LA MIERDA!: Equivale a <u>¡Váyase de acá!</u> Dicho generalmente después de una disconformidad, desacuerdo o argumento. Cuando la ocasión es más conflictiva se usa *'váyase mucho a la mierda'*.

¡A NO HIJUEPUTA!: Equivale a <u>una amenaza, desafío</u>, intimidación o cuando falla la diplomacia, indica el paso de argumento a vergazeo. Es la acción de ofrecerle verga a alguien debido a sus acciones, atrevimiento o pendejadas y generalmente se dice con enojo.

ADENTRE: equivale a decir 'entre' o 'pase adentro'. En el caso de una persona de confianza se le dice 'adentrá'.

ACHICOPALADO: Equivale a <u>entristecido</u>, decaído, <u>desconsolado</u>, agüite, deprimido, etc. Del latín *'ciccum'* que significa chico, pequeño, menor o menos que otro. Sinónimos: Achicado, agüitado, afligido, etc.

A-CHÍS: Expresión que <u>demuestra sorpresa, desacuerdo o desafío</u> en algo. Ejemplo: *"Trabajando en el taller de mecánica de Kevin, su asistente Brayan le pregunta- ¿Me prestás cinco bolas loco? -Kevin le responde- <u>A-chís</u>, ¡Querés más, si ya me debés 35 pijas! -Brayan responde- A-Chis, cobratelas de lo que me vas a pagar por el trabajo".*

ACHORCHOLADO: Igual que achicopalado, <u>significa triste o agüite</u>. Sinónimo: Deprimido, desanimado. Ejemplo: *"Kevin dice. -Ay-anda el Brayan todo achorcholado porque la Bessy, no quiso ir al cine con él".*

ACOMPAÑADA: Es una <u>pareja que viven juntos sin vínculos legales.</u> Sinónimos: Estar detrás del matocho, endamados o rejuntados. Ejemplo: *"Brayan burlándose le dice a Kevin. -Ay viene el Yéffry con su <u>acompañada</u>, mejor dicho, su concubina. -A lo que Kevin responde. -Puta y a vos que te importa que es lo que sean ellos gran cerote, ¿Qué acaso te hiciste aleluyo para que andés prejuzgando a la gente?"*

ACURRUCARSE: Es <u>agacharse o encogerse</u> para resguardarse de algo.

ADELANTADO: Es <u>ser vivaz</u>, listo, estar preparado o <u>ser inteligente</u>, y quizás aún, <u>un aprovechado</u>. Ejemplo: *"Dice Kevin a Brayan -¿Te sacaste 9 en el examen de matemáticas? <u>Sos un adelantado</u> o a lo mejor le copiaste a alguien".*

AFIANZAR: Es equivalente de <u>aferrar</u>, es coger con las manos o capturar. Ejemplo: *"Brayan le dice a Kevin -Yo quería ir al pachandongo con ustedes, pero <u>me afianzó</u> la Bessy del pescuezo y me senté a ver la novela con ella".*

AGARRADO: Es una persona <u>tacaña, egoísta</u>. Sinónimo: Ávaro, codo. ➔ Cambio semántico: También se dice de <u>una persona que está enamorada.</u> Ejemplo: *"Kevin dice: El Brayan está bien <u>agarrado</u>, lo trae atarantado la Bessy".*

AGARRALA SUAVE: Equivale a decir '<u>tómala con calma</u>'.

AGARRÓ-LLAVE: Se dice de <u>una persona que se tranca</u> en una actitud de enojo, caprichosa, o terca. Ejemplo: *"Kevin dice. -El Brayan cuando se enoja se sienta con los brazos cruzados, la cara bien emputada, y <u>agarra llave</u>, porque no hay forma de que lo hagás hablar al serote".*

AGARRÓ-VIAJE: Equivalea '<u>te lo robaron</u>'. Cuando no encontrás algo y <u>crees que lo perdiste</u> o te lo hueviaron. Ejemplo: *"Kevin le pregunta a Brayan. -¿Loco, Sabés dónde está mi teléfono? A lo que Brayan responde. -No loco, pero esta es hora que <u>ya agarró viaje</u>".*

AGUACATERO: Equivale a <u>autóctono, común</u>, ordinario. Muchas veces se utiliza en tono despectivo. Ejemplo: *"Dice Kevin al ver a Brayan. - Mira si no es <u>aguacatero</u> el serote de Brayan, dándose gusto comendo tortilla tostada con shojoles chilipucas y aguacate"*.

AGUA CHACHA: Para referirse a <u>algo diluido con agua</u>, ya sea un café, refresco, sopa, etc., Es cualquier líquido que no es espeso.

AGUADO: Sinónimo de <u>flácido o estar desfallecido</u>, es estar decaído, sin ánimo, enfermizo o desmayado. → Cambio semántico: Es también un <u>haragán</u>, una persona sin iniciativa o dejado.

AGUANTÁS: Expresión que <u>denota dudas o desconfianza</u> y dicha en forma de pregunta cuando se duda de algo o simplemente no se cree. Ejemplo: *"Brayan dice. -Hey Kevin, ayer vi a la Bessy platicando con el culero de Yéffry, yo le pregunté qué ondas con ese vato, y ella me dijo que el Yéffry es sólo su amigo, <u>¿Aguantás vos eso?"</u>*

ÁGUILA: Equivale a <u>estar listo, alerta,</u> ponerle atención a algo. Sinónimos: Es estar preparado, trucha, atento, etc. Ejemplo: *"Kevin le dice a Brayan. -<u>Ponete águila Brayan</u>, mirá que el Yéffry es un gran alagartado el serote"*.

AGÜITE: Equivale a <u>estar deprimido</u>, sin ganas o con vergüenza. Ejemplo: *"El <u>Brayan está agüite</u>, parece que la Bessy lo cortó"*.

AGUJA: Vocablo similar a ponerse águila. Es <u>estar listo, alerta</u>, ponerle atención a algo. Sinónimos: estar preparado, atento, trucha, etc.

AHUEVADO: Es <u>Estar triste</u>. De acuerdo a la semántica del vocablo *'ahuevo'* que significa -*aprobación a algo*-, ahuevado debería significar aprobado, sin embargo, en El Salvador <u>estar ahuevado significa tener baja la moral</u>, es estar avergonzado. Ejemplo: -*Puta qué ahuevado estoy. Dice don Chepe y agrega. -Volvió a perder la Selecta"*.

AHUEVO: Significa <u>estar de acuerdo</u> o aprobar algo. Ejemplo: *"¿Hey Brayan, voy a ordenar unos tacos, te gusta la comida mexicana? - Brayan responde. -<u>Ahuevo</u>"*.

AJOLOTAR: Del náhuatl *Xolotl* 'pavo'. Es <u>portarse en forma excitada</u>, <u>angustiada</u>, histérica, <u>intranquilo</u>, exaltado, precipitado. Ejemplo: *'Puta Brayan calmate loco, vos <u>te ajolotás</u> por cualquier cosa'*. Sinónimo: Inquieto, alborotado, desesperado o alterado.

AJUSTAR: Es sinónimo de <u>duramente alcanzar o completar algo</u>. Ejemplo: *"Dice Kevin. -Puta con esta pandemia del Corona-virus, <u>apuras cachas ajustamos</u> para la renta del taller y las birrias"*.

AL-SUIQUI: Equivale a decir <u>'todo está suave'</u> o <u>'todo tranquilo'</u>. Ejemplo: *"Ahora en El Salvador todo está bien <u>al-suiqui</u>"*.

ALAGARTADO: Es una <u>persona ávara y acaparadora</u>, agarrada, mezquina, glotón, usurero, interesado ambicioso. Ejemplo: *"Dice Kevin. -Este Brayan, como es de <u>alagartado</u>, se hartó toda la yuca frita con pepesca de una sola sentada"*.

ALBOROTADA: Es una <u>persona muy entusiasmada</u>. Es alguien que está excitada, histérica, que está neurótica o muy ajolotada, etc. ➔ Cambio semántico: es algo <u>que está en desorden</u>.

ALBOROTO: Es <u>un escándalo</u>, despije, desorden, desvergue, etc.

ALBOS: Sinónimo de blanco, o <u>los Blancos del Alianza</u>, equipo de futbol de San Salvador. Ejemplo: *"Hoy juegan los Albos contra los Garroberos de San Miguel, y no importan cuantas chambergas le traigan al árbitro para la mordida, hoy si van a valer los aguiluchos"*.

ALEBRESTADO: Es alguien que demuestra <u>mucho entusiasmo</u>, enojo o alegría. Ejemplo: *"Calmate Brayan, es cierto que nos van ganando los aguiluchos, pero <u>no te pongás así de alebrestado</u>"*.

ALELUYO: Para referirse a <u>los evangélicos</u>. Es la persona que adopta una de las docenas de diferentes congregaciones religiosas recién importada de los Yunáis (Estados Unidos), y luego, muchos se la pican de conocer la verdad, de santos y divinos y con todo el derecho y obligación de prejuzgar al prójimo y señalarlo de mundano, inicuo, carnal, falso, etc., incluyendo desde católicos, a incrédulos, y hasta a otros cristianos que pertenecen a grupos diferentes de aleluyos.

ALERO: Dicho de <u>un amigo o colega muy allegado</u>. Es un colega de profesión o el chero que siempre está a tu lado, en las malas y las buenas. Proviene de 'ala' y equivale 'mi mano derecha'.

ALGUÁISTE: Condimento de la gastronomía salvadoreña, elaborado con <u>semillas molidas del ayote</u> o calabaza. Ejemplo: *"-A la gran puya Brayan, a la yuquera se le olvidó ponerle <u>alguaiste</u> al atol shuco"*.

ALIGERATE: Equivale a decir <u>'avanza rápido'</u>, <u>'apurate'</u>, 'apresúrate'.

ALIVIANADO: Es la <u>persona satisfecha</u>, que tiene un buen carro, trabajo y mucho pisto, etc. Ejemplo: *"Brayan le dice a Kevin. -¿Hey Kevin, vos sabias que los diputados ganan cinco mil vergas al mes y sólo trabajan un día a la semana? -A lo que Kevin responde. -¿En serio? <u>Qué serotes más alivianados</u> y nosotros aquí volando verga toda la semana ganando un par de chirilicas nomás"*.

ALUDA: Es una <u>persona abusiva</u>, o que abusa de la confianza. Es alguien que no pide permiso, que no dice por favor o da las gracias.

ALZAR: Es <u>guardar algo</u>, almacenar, depositar. Ejemplo: *"-Hey Brayan, alzá bien ese pisto, no lo vayás a perder, el viernes tenemos chupe"*.
➔ Cambio semántico: <u>Alzar el ego</u>, creerse de clase, el mejor, etc.

AMAGAR: Es hacer <u>gestos agresivos</u> a alguien, es también instigar o retar a alguien en forma física o verbal para pelear. Sinónimos: Chunguiar, cucar, provocar, etc.

AMANSA-LOCOS: Es <u>un tipo de garrote o bastón</u> utilizado por los agentes antimotines para poner el orden en disturbios, o a las hordas de maniáticos descontrolados al ver que la Selecta perdió otra vez. También se usa para <u>amansar</u> a cualquier bolo o bayunco que haga o quiera armar un bonche.

AMARGAR: Equivale a <u>agriar</u>, emputar, enojar, incomodar, molestar. Ejemplo: *"Hey Brayan traeme una birria del refri. A lo que Brayan responde. -A la gran puta, ¿Qué acaso soy tu cholero serote? Kevin enojado agrega. -<u>No me amargués</u> el día, acordate que sos mi aprendiz de mecánico, así que hacé caso y tráeme la birria serote"*.

AMARRAR: Es una pareja que <u>contrae nupcias</u>. Es <u>casarse</u>, también se le dice a la relación de novios, o de una pareja al acompañarse.

AMASAR: Equivale a <u>abrasarse y besar a la novia</u> o mujer. Sinónimos: Es dar <u>molote</u>, <u>moler</u>, tronchar, remolcar, etc.

AMELCOCHADA: Es una <u>persona enamorada</u>. También es sinónimo de adular, alabar o piropear a alguien. Ejemplo: *"El Brayan anda <u>amelcochando</u> a Bessy, según él, para que ella le preste el nance"*.

AMONTONAR: Es cuando <u>una pareja se abraza y besa con pasión</u>.

ANANTES: Es algo que se hace a <u>duras penas</u>. Algo que a penas o casi no se hace. Ejemplo: *"Brayan dice. -¡Puta! Hoy el sueño estaba paloma, hoy si <u>anantes</u> no me levanto"*.

ANDA BIEN A PICHINGA: Equivale a '<u>anda muy borracho</u>'.

ANDA BIEN A VERGA: Equivale a '<u>anda muy borracho</u>'.

ANDÁ DALE PAJA A VALIJA: Equivale a '<u>ve a ver que tonto te cree'.</u> Es dicho en general con tono agresivo por alguien que no cree y rechaza lo que otro propone. NOTA: Aparte de la denotación de incredulidad que se ha dicho, es mejor no preguntar *¿Quién es Valija?* Porque lo más seguro es que responderán: 'El que te metió la pija'.

ANDÁ VE QUIÉN TE PISA: Equivale a "<u>vete y no me molestes más'</u>, es generalmente dicho por alguien que está irritado y harto de alguien que jode de una forma magistral.

ANDÁ VE SI YA PUSO LA CHANCHA: Equivale a '<u>no molestés y vete'.</u> Es dicho por alguien que está harto del joder incesante de otro.

ANDAR CARETA: Equivale a '<u>andar con la cara sucia</u>'.

ANDAR CON LOS MIADOS CALIENTES: Dicho de una <u>persona enojada</u>. Es estar frustrado o con muy poca paciencia y ya casi listo para explotar en rabia. Ejemplo: *"Kevin dice. -No me chunguiés Brayan, mirá que ando <u>con los miados calientes</u>"*.

ANDAR ZAMPADO: Dicho de una <u>persona que se entromete.</u> Es una persona que le encanta vivir zampado o involucrado en chambres.

ANICETO: Es un nombre propio masculino de origen griego que significa "invencible". En El Salvador, Aniceto Porsisoca, fue un famoso comediante de radio y televisión. ➔ Cambio semántico: Aniceto es sinónimo de <u>ano,</u> fundillo, culo, cereguete, anillo, etc.

ANIMALA: Se usa para referirse a una <u>persona abusiva</u>, atrevida o <u>aprovechada.</u> Es también una persona mal intencionada, tóxica y encima un gran hijo de puta.

ANIMALADA: Hacer <u>trampa con muy mala intención</u>, es sacar ventaja con artimañas o <u>hacerle una maldad</u> a alguien.

APACHAR: Del náhuatl 'Pachtl' que significa <u>aplastado</u>, estar bajo o delgado. Sinónimos: Comprimir, machacar o prensar. Ejemplo: "-Kevin dice: Hay que arreglar la llanta del carro porque está *apachada*".

APANTALLAR: Se refiere a <u>presumir, jactarse ante otros.</u>

APIATE: Del latín 'appedāre' o 'a pie'. En español es 'apear' o desmontar. Acción que denota <u>bajarse de un lugar</u> o cosa donde uno se ha encaramado. Ejemplo: "*La mamá le dice a su hijo: Apiate diay, que no ves que te vas a caer y te vas a quebrar el culo bicho necio*".

APLASTADO: Estar <u>sentado sin hacer nada</u>. Sinónimos: Inmóvil, quieto, inmóvil. Sinónimo Haragán, huevón, perezoso. Ejemplo: "-Kevin dice: Puta este Brayan es bayunco, como no le hizo caso la Bessy ahí está aplastado todo agüite el serote".

APAPACHAR: Se refiere a <u>abrazar con pasión o cariño</u>. Ejemplo: "*Byron dice: Brayan le voy a hablar a la Bessy para que te venga a* <u>*apapachar*</u>*. Brayan contesta, -No, hasta que se le quite lo creída*".

APRETADO: Es alguien <u>tacaño</u>, agarrado, <u>ávaro</u>, mezquino, miserable. ➔ Cambio semántico: es <u>una persona intransigente</u>, terco, fanático.

APURAS: Es <u>algo que apenas se hace</u>, ya sea por falta de tiempo, recursos o empeño. Ejemplo: *"Byron el compañero de Kevin y Brayan dice: -Puta, apuras penas nos alcanzó chirilicas para las birrias"*.

APURATE: Es equivalente a <u>apúrate o date prisa</u>. Es muchas veces dicho simplemente *'purate'* y significa avanzar o caminar con rapidez. Ejemplo: *Kevin le dice a Brayan. -Brayan, andá traete unas pupusas revueltas con loroco. ¡Pero <u>apurate</u>!"*

ARAÑANDO: Es equivalente a <u>vivir con poco dinero</u>, a duras penas, es sobrevivir como dice el dicho: *'a coyol quebrado, coyol comido'*.

ARENEROS: Miembros del partido político de ARENA o Alianza Republicana Nacionalista. Igual que el 'fmln', arena es un partido que también está en decadencia por transeros y malacates. Fue fundado por Roberto D'Aubuisson en los 70s, y así como en el caso del 'fmln', muchos líderes de la cúpula han huido o están en asilo en el extranjero para evitar ser juzgados por sus posibles crímenes.

ARRECHA: Esta palabra en El Salvador significa <u>buena o bonita</u>, perfecta, rica, genial, etc. Ejemplo: *"Brayan le dice a Kevin. -Mirá Kevin, que <u>arrecha</u> se mira la Bessy"*. Sinónimos: muy buena, deliciosa, vergona, cachimbona, chiva, etc. ➡ Cambio semántico: <u>Es estar enojado</u>. Sinónimos: Emputado, encachimbado, irritado, bravo, etc. NOTA: En Sur América, la palabra 'arrecha' tiene significados diferentes y generalmente promiscuos, por ejemplo, al decir que una persona está arrecha, quiere decir que esa persona está 'caliente' o excitada sexualmente.

ARREJUNTAR: Dicho de una <u>pareja que viven juntos sin vínculos legales</u>. también se le dice a la relación de una pareja al acompañarse sin casarse o 'detrás del matocho'. ➡ Cambio semántico: <u>Ahorrar dinero.</u> Ejemplo: *"Vamos a <u>rejuntar</u> unas chirilicas para el viaje"*.

ARREMEDAR: Es <u>imitar o provocar a alguien</u>. Es hacerle parodia.

ATAJO: Para referirse a un grupo de personas, animales o cosas. Ejemplo: *¡En este equipo todos son un <u>atajo</u> de jugadores maletas!*

ATARANTADA: dicho de una <u>persona que está apendejada</u> o turbada, es poco hábil, torpe, o que está medio a pija. También se le dice al hecho de atontar o engañar a alguien. Ejemplo: *"Brayan le dice a Kevin y Byron. -El vendedor <u>atarantó</u> tanto a la Bessy que le terminó vendiendo una aspiradora y ella ni siquiera tiene alfombra".*

ATRÁS ESTÁ VACÍO: Equivalente a '<u>muévanse o circulen</u>'. Dicho por los buseros en El Salvador para que la gente no haga tumulto en una parte del bus. Ejemplo: *"Hey Brayan, ¿Viste al empleado del banco?, Ay andaba diciendo a la gente que hacía fila que atrás estaba vacío. -A lo que Brayan dice. -Puta, a lo mejor ese chero era busero antes".*

ATURRAR: Dicho de alguna parte del cuerpo o la <u>piel que se arruga</u> o está arrugada. Ejemplo: *"Kevin le dice a Brayan. -Hey, Brayan, andá tráeme unas birrias loco. A lo que Brayan interrumpe y responde muy serio. -Puta Kevin, dejá de tomar, mirá como tenés el hocico todo <u>aturrado</u> de tanto chupar cerote. Kevin lo ve irritado y luego le dice. -Aturrado tenés el culo vos culero, andá traeme las chelas te digo".*

AVIVATE VOS: Equivale a '<u>pon atención no seas pendejo</u>'. Significa ponerle atención a algo detalladamente.

AY-LOS VIDRIOS: Dicho que quiere decir '<u>Ahí nos vemos</u>'.

AY-TE GUACHO: Equivale a '<u>Ahí te veo</u>'. Anglicismo de '*To watch*'.

AY-NOMÁS: Indica <u>algo cercano</u> o muy próximo. Sinónimos: Aledaño, cerca, etc. Ejemplo: *"Brayan pregunta. - ¿Vos sabés dónde está la vendedora de yuca sancochada? – A Lo que Kevin responde: Ay-nomás en la casa de la esquina. Brayan agrega inocentemente. Me gustaría una yuquita para almorzar. A lo que Kevin responde burlándose. -No sabía que te gustaba tanto la yuca muñeca".*

BABOSADA: Es algo <u>sin valor o importancia</u>. De 'bobo' o tonto.

BABOSO: Dicho de una <u>persona torpe</u>, tonta. También se usa en lugar de un nombre de alguna persona del cual no se sabe su nombre.

BAGRE: Nombre de un pez comestible. En El Salvador <u>es una persona mal encarada</u>, <u>fea</u>. Generalmente se utiliza para referirse a la mujer poco atractiva. Ejemplo: *"Brayan le dice a Kevin: - ¿Viste Kevin que don Chepe dejó a su esposa para meterse con un bagre de mujer?"*

BAIPAS: Anglicismo, derivado de *'Bypass'*, es <u>un desvío</u> o corte de una calle o carretera.

BAJAR VILMENTE: Es <u>engañar o robar de una forma muy descarada</u>. Ejemplo: *"Kevin dice enojado. -Al mula de Brayan se lo bajaron vilmente, pagó 35 palomas por la caja de 24 birrias".*

BAJAR: Dicho del acto de <u>engañar, mentir</u>, robar o usurpar.

BAJERO: Es una persona <u>de mala apariencia</u> o <u>mala educación</u>, o rascuache. ➜ Cambio semántico: Es <u>algo de mala calidad</u>.

BAMBA: Dicho de una <u>moneda antigua de un colón</u>.

BARAJUSTADO: Es salir en <u>una gran guinda</u>. Es huir o correr. Ejemplo: *"Estábamos afuera del estadio haciendo un gran desvergue después del mascón del Águila y Alianza, y llegó la jura y bien encachimbados empezaron a repartir vergazos, y salió toda la mara <u>barajustada</u>".*

BAROS: Equivale a <u>dinero</u>. Sinónimos: Pisto, palomas, vergas, pijas, chullas, chirilicas, etc.

BARTOCHA: Equivale a '<u>la bartolina'.</u> También es '<u>la cárcel</u>'.

BASCA: Equivale a <u>vomitar</u>. Sinónimos; Echar el zope, zopilote, buitre. NOTA: También se escribe en forma alterna con v pequeña 'vasca'.

BAYUNCO: Es una persona <u>que bromea o dice cosas tontas</u>, es alguien inmaduro o dice o hace cosas ridículas o sin sentido. Ejemplo: *"Mientras Kevin arregla un caro le pregunta a Brayan. - Pásame una tuerca de la mesa. -Brayan le dice. - ¿No te interesa mejor un tornillo largo? -Kevin molesto le responde. -Puta, ¡Mirá si no sos <u>bayunco</u> culero!'*

BERRINCHE: Es una <u>rabieta acompañada con gritos y llanto</u> que se manifiesta ostensiblemente, y sobre todo la de los niños.

BICHO: Es <u>un Infante, niño, joven, novio o novia</u>. Es similar a cipote.

BIOLA: Dicho de <u>una panza monumental</u>, es un estómago bastante pronunciado ya sea de tanto comer, de tanto chupar guaro o de un embarazo. también se escribe con la letra v 'viola'.

BIRRIA: En El Salvador es <u>sinónimo de cerveza</u>, las heladitas, talladas, chelas, etc. Ejemplo: "Oferta: *La caja de 24 birrias vale 20 vergas*".

BIRRIONDO: Es <u>un borracho</u>, es una persona que consumió muchas cervezas. ➔ Cambio semántico: Es un hombre <u>mujeriego</u>, coqueto.

BITCÓIN: Es una <u>criptomoneda o moneda virtual</u>. Es la primera que fue desarrollada y que ha marcado el camino a todas las demás criptomonedas. Algunos economistas creen que esta divisa poco a poco desplazará al actual sistema monetario. Ejemplo: "Mientras trabajan en reparar un carro, *Brayan le dice a Kevin. - ¿Vos sabías que el primer país del mundo en adoptar el <u>Bitcóin</u> como moneda nacional fue El Salvador? Kevin dice. -Puta, ya era tiempo que en la Guanacia se hablara de avances tecnológicos y no sólo de violencia, asesinatos en cantidad industrial y políticos corruptos*".

BLUMER: Anglicismo, derivado de *'bloomer'*, es equivalente a calzón o braga, es una prenda interior femenina.

BOCHINCHE: Es en general un escándalo, un problema, pleito, etc. Ejemplo: *"-Byron le dice a Kevin. -Vieras que bochinche se armó entre Brayan y Yéffry en la fiesta de la Bessy ayer, se agarraron a pijazos"*.

BOCHINCHERO: Es una persona que le gusta el bochinche, el desorden, relajos, escándalos. Es alguien que le gusta discutir.

BOCHO: Dicho de un carro escarabajo de Volkswagen. También se escribe con la letra v 'vocho'. Bocho es un diminutivo de Volkswagen

BOLA: Es una mujer que le gusta tomar o está borracha. ➔ Cambio semántico: Es un billete de divisa singular, un Colón, un Dólar.

BOLADO: Para referirse a cualquier objeto cuyo nombre se ignora. También se le dice así a un suceso, a un amante, y aún a un chambre. Ejemplo: *"Kevin le dice a Brayan, -Mirá, te voy a contar un bolado, pero no lo andés regando"*. A veces se escribe con v o *'volado'*.

BOLO BOCHINCHERO: Es la persona que cuando toma es agresivo.

BOLO CHICHIPATE Y BOCHINCHERO: Es la persona dada a tomar en forma continua, y ya tomado se cree la mamá de Tarzán y se vuelve muy agresivo queriéndole montar verga a los demás y generalmente termina todo verguiado.

BOLO CUNETERO: Es un borracho zumbero o alcohólico empedernido. Es la persona que padece del alcoholismo más agresivo y desmedido, tanto que ni se da cuenta de su estado miserable, generalmente descuidan a su familia, trabajo, sus amigos y sus responsabilidades para tirarse a las calles y cunetas a vivir arrastrado pidiéndole migajas a la gente para comer o comprar su próximo trago.

BOLO: Equivale a ebrio, alcohólico, chichipate, bolígrafo, etc.

BOMBEAR: Dicho a la acción de robar, tamalear o sustraer algo ajeno. ➔ Cambio semántico: Es tener relaciones sexuales.

BONCHE: Dicho de <u>un problema</u>, similar a <u>deschongue</u>, despije, desvergue. También se utiliza como sinónimo de fiesta informal.

BRAMA: Es una persona o animal <u>que está excitada sexualmente</u>.

BRAMOSA: Es una persona o animal <u>con brama constante</u>, o que vive excitada sexualmente en forma perenne.

BRASIER: Equivale a sostén, prenda interior femenina.

BROCHA: Dicho de una <u>persona aprovechada</u>, de un gorrón, que le encantan las cosas de choto, gratis o de gorra.

BROZA: Equivale a '<u>cherada</u>', o a '<u>la mara</u>'. Se le dice de esta manera a todos los amigos en conjunto.

BUCHACA: Dicho de <u>la boca</u> de una persona o animal.

BUCHE: Dicho de <u>la garganta</u> de una persona o animal.

BUENA ONDA: Dicho de una <u>persona afable</u>, complaciente, afectuosa.

BUENA MÁSCARA: Equivale a '<u>tiene una cara bonita</u>'. ➜ Cambio semántico: En el caso de una entidad, negocio o compañía quiere decir '<u>la compañía tiene buena presentación</u>'.

BULLYING: Es el <u>acoso físico o psicológico</u> que algunos someten de forma continua a una persona, alumno, trabajador, etc.

BURROS: Es el <u>calzado (botines) fabricados</u> por la ADOC (*Asociación De Obreros del Calzado*). Ejemplo: "*-Puta Kevin ¡Qué zapatos más pijones esos que andás! Kevin responde. -Ahuevo loco, son los <u>Burros</u> de la ADOC*". ➜ Cambio semántico: <u>Persona terca o testaruda</u>.

BUZO: Dicho de una <u>persona lista, atenta</u> y siempre alerta.

BUZO-CAPERUZO: Alguien que le dice a otro <u>que esté alerta o muy atento</u>.

¿CUAL ZAPATO?: Equivale a decir ¿de qué hablás? Originalmente era la pregunta en un cuento de un hermano a otro: ¿Dónde está mi zapato? A lo que el hermano confuso respondía: ¿Cuál zapato?, ahora esta misma frase se usa en muchas circunstancias como respuesta a cualquier pregunta y en lugar de decir: ¿Cuál?, ¿Dónde?, ¿Por qué?, ¿adónde?, ¿Yo no sé?, ¿A saber?, etc.

CABAL: Del latín 'capere' de caber o estar completo. Equivale a decir exacto. Es algo que es verdadero, incuestionable, indudable. También es una cantidad de dinero o cosas que están completa.

CABRON: Palabra que sirve para fines diversos, puede ser usada en forma amistosa, ejemplo: ¡Hola cabrón! ¿Cómo has estado? También puede ser insulto: ¡Mirá cabrón, a mí no me chunguíes que te voy a montar verga!

CABUDA: Es una colecta que se realiza cuando no se tiene el suficiente dinero para las chelas, las pupusas, funerales, etc. Ejemplo: Kevin Dice. -Hey Brayan, hagamos la cabuda para comprar las chelas. Brayan responde. -Va-puej".

CACARICO: Sirve para referirse a una persona débil, flaca o de avanzada edad. También puede ser cualquier cosa antigua. Ejemplo: Brayan dice. "Hoy me vine en un bus bien cacarico, y anantes llegó, un viejito más cacarico que el bus que iba caminando nos pasó".

CACASO: Dicho de una persona mal intencionada, que es poco amigable, chambrosa y encima un gran serote.

CACASTE: Del náhuatl *'cacashti'*, es una <u>caja hecha de varillas</u> que sirve para cargar en la espalda. A veces le dicen así a un esqueleto o a una persona flaca por huesuda.

CACHAS: Hacer las cachas quiere decir <u>'hacer la lucha'</u>, o hacer el esfuerzo a pesar de lo pobre, lo débil o por ser mayor de edad. Ejemplo: *"-Byron le pregunta a Brayan. -Hey Brayan ¿Cómo siguió tu tío? Brayan responde. -Ahí anda, haciendo las cachas".*

CACHIMBAZO: Se refiere a <u>un golpe muy fuerte,</u> desde un puñetazo en el hocico hasta un accidente aparatoso. ➔ Cambio semántico: Para referirse a <u>una gran cantidad de gente o cosas.</u>

CACHIMBIAR: Equivale a <u>golpear a alguien</u>. Es cuando la nana verguea a un cipote por malcriado. Es también pijiar a algún serote por bayunco, por regarla en algo o simplemente porque no agarra la onda. Sinónimos: Verguiar, taleguiar, sopapear, tastasear, etc. Ejemplo: *"Yo sé que algún bayunco por ahí va a decir que no se escribe 'cachimbiar' sino 'cachimbear', es a alguien así, que se la lleva de corrector y cagapalo que se le da una señora cachimbiada".*

CACHIMBÓN: Para referirse a <u>el mejor,</u> <u>el líder,</u> <u>el valiente</u>. Es una persona, animal o cosa que es excelente. Sinónimo: <u>El Vergón</u>.

CACHIRULO: Dicho de <u>algo con clase</u> o caché. También puede llamársele a un golpe, a una cicatriz, chichón o a un remiendo de tela. ➔ Cambio semántico: Para referirse a <u>cualquier cosa.</u>

CACHITO: Es <u>sinónimo de poco</u>, un pedacito, un momento, etc.

CACHIVACHES: Dicho de las <u>cosas que uno posee</u>. Sinónimos: Tiliches, pertenencias, prendas, etc.

CACHOS: Para referirse a <u>los zapatos</u>. ➔ Cambio semántico: <u>Se infiel</u>, se dice 'le puso los cachos' cuando en una pareja uno de ellos le es infiel al otro. ➔ Cambio semántico: Cacho es para referiste al <u>pene</u>.

CACHUCHA: Es una <u>prenda para cubrir la cabeza</u>, puede ser hecha de tela, de piel o plástico.

CACHUDO: Dicho de <u>Satanás o Lucifer</u>. Sinónimos: El diablo, el Anti-Cristo. ➔ Cambio semántico: <u>Persona que su pareja le es infiel</u>.

CADEJO: Es un <u>espectro en forma de perro o lobo muy grande</u> y de pelo frondoso. Es una leyenda original de la mitología Maya-Salvadoreña. Cadejo quiere decir 'cabello enredado'. Según conocedores, existen dos versiones de cadejo; el blanco y el negro, dependiendo del color, uno es inofensivo y el otro es muy maligno. Se aparece de noche y en lugares solitarios, se dice que sí el aullido que emite el cadejo se escucha en la lejanía es porque el espectro ya está muy cerca de la víctima.

CAGAPALO: Se refiere a <u>alguien que critica todo</u>, que se cree un perito, un sabe-lo-todo, ya sea de política, aspectos sociales, de la economía, la religión, en deportes, etc., y sin que nadie lo pida, insiste en corregir al mundo. Cagapalo es también alguien que en su mentalidad troglodita no tiene escrúpulos para humillar a otro.

CAGAR EL PALO: Equivale a <u>cometer un error colosal</u>, es equivocarse. Sinónimos: Regarla, fallar, estropear, etc.

CAITE: Del náhuatl 'Kakti', es <u>una sandalia artesana</u> hecha en general de cuero, puede contener materiales plásticos o de madera. También caite se les llama a veces a las llantas de un vehículo. Ejemplo: "-Hey Brayan, este carro tiene un caite pacho", (llanta baja o sin aire).

CALACEADA: Se refiere a <u>una cosa con muchos hoyos</u> o golpes. ➔ Cambio semántico: Persona que ha tenido <u>una vida muy golpeada</u>. ➔ Cambio semántico: Una <u>mujer calaceada</u> es una <u>mujer promiscua</u> con un historial muy grande de amantes o de vida sexual libertina.

CALACHE: Del náhuatl 'Kalcuitl' que significa cosa vieja. Esta palabra se utiliza para referirse a cualquier cosa o cosas de poco valor.

CALARSELA: <u>Cuando le pasa a uno algo imprevisto bueno o malo</u>. Es también tener buena o mala suerte. Ejemplo de buena fortuna: "Kevin dice. -Se las <u>caló</u> el Brayan, se sacó unas chirilicas en la lotería". Ejemplo de mala fortuna: -Kevin dice. - Se las <u>caló</u> el Brayan, un vato bien a pija le pegó al carrito bocho y le destartaló el frente".

CALL-CENTER: Anglicismo, derivado de *'call center'* <u>es un centro de llamadas</u> o centro de atención telefónica, donde los teleoperadores reciben y realizan llamadas a clientes actuales y potenciales.

CALICHE: Proviene del español (gitano) *'caló'*. Caliche es la jerga o modismo salvadoreño. Es el conjunto de frases o palabras que forman parte del <u>lenguaje informal</u> de una profesión o lugar en nuestro país.

CALMATE MUÑECA: Dicho a alguien que demanda algo en forma <u>alterada o caprichosa</u>. Ejemplo: *"En el taller donde trabajan, Brayan irritado le dice a Kevin: - ¿Puta loco, y cuando me vas a pagar las chirilicas que me debés? A lo que Kevin responde. -Calmate <u>muñeca</u>, yo sé que hoy es viernes de pago y ya casi se acabó el día, pero ni siquiera hemos terminado de arreglar esta nave gran serote!"*

CALMATE PRINCESA: Similar a <u>calmate muñeca</u>.

CAMELLAR: Se refiere a <u>caminar mucho</u>. Ejemplo: *"Brayan le dice a Kevin: Es que mirá loco, necesito unas chirilicas para ponerle gas a la nave, el bochito ya anda a puro olor a gas y en estos días me ha tocada puro <u>camellar</u>. Kevin le dice. —Vergón, te voy a dar unas cinco bolas para el gas, pero vos aquí vivis en la Zacamil y no tenés por qué <u>camellar</u>. Byron agrega burlándose. — A la Bessy es que no le gusta camellar. Kevin dice. -¡Ahuevo!*

CANTIAR: Poner una cosa de <u>canto o de lado</u>, a su orilla o a su esquina. ➔ Cambio semántico: <u>Cantiarla es estropear, joder o dañar</u> algo. Ejemplo: *-Mientras arreglan un carro, Kevin le dice a sus asistentes Brayan y Bayron. -Para que aprendan serotes, vean como don Chepe <u>cantió</u> la transmisión de este carro al no ponerle el aceite apropiado. Bayron agrega. -Puta, parece que manteca le puso".*

CAPIAR: Es <u>vigilar u observar algo</u>. Es estar pendiente de algo, etc. Ejemplo: *"Bessy llega a visitar a Brayan al taller, Kevin al verla le dice a Bayron: Mirá Byron, qué bonita la falda que anda la Bessy. Bayron responde. -Le queda bien rica, ojalá pase un ventarrón y se la levante para <u>capiarle</u> los calzones. Brayan molesto dice. -Cálmense serotes".*

CAPIAZÓN: Es <u>estar a la expectativa</u> de una noticia o <u>a que suceda algo</u>. Sinónimos: Preocupación, zozobra, angustia, espera, etc.

CAPIRUCHO: Es <u>un juguete de madera</u>, que se compone de un palo terminado en punta y sujeto con un cordón en medio y conectado al otro extremo a una campanita o falda de madera con un hoyito en el centro, esta lanzada al aire se procura meter la punta del palo en el hoyo o faldita. Capirucho proviene de la antigua palabra española 'capirote', que es una falda que se usaba sobre los hombros y a su vez llegaba a la cintura en forma de capa. ➜ Cambio semántico: Se le llama también capirucho a <u>la vagina</u>.

CARAMBADA: Es una <u>cosa con poco valor</u>, una <u>tontería</u>. Se deriva de la palabra caramba, un moño o lazo para amarrar el cabello.

CARAPACHO: Dicho del <u>protector</u>, <u>cobertura o funda</u> del teléfono celular, o de cualquier otro aparato electrónico.

CARÁTULA: Para referirse a <u>la portada de un disco</u>, libro, revista, etc. ➜ Cambio semántico: Para referirse a <u>la cara de una persona</u>.

CASACA: Es <u>hablar mentiras</u> o <u>cosas sin fundamento</u>. También se le dice a la acción de platicar cualquier cosa para pasar el tiempo. Ejemplo: *"Brayan le dice a Kevin. ¿Y qué te contás? Kevin responde. - ¿De qué putas hablás? A lo que Brayan responde irritado. -¡A la gran puta!, ¡Estoy <u>hablando casaca</u> para pasar el tiempo serote! Byron se ríe mientras que Kevin le dice molesto. - ¿Y qué acaso soy tu novio para que me hablés casaca gran culero?"*

CASAMIENTO: Dicho del plato gastronómico salvadoreño, es la <u>mezcla de Arroz y frijoles fritos</u>.

CEMITA: Es un <u>pan dulce</u> hecho con capas de pan divididas por una capa de miel de piña o dulce de atado (panela) con canela. Hay dos tipos de cemita, la <u>cemita alta</u> o 'ayúdame a vivir' y la <u>cemita baja</u>. ➜ Cambio semántico: También se usa cemita para referirse a <u>la vagina</u>.

CEPA: Equivale a <u>la cabeza</u>. Sinónimos: Testa, coco, casco, cráneo, calabaza, azotea, cholla, chola, mollera, ñola, cebolleta, etc.

CHABACÁN: Es una <u>persona grosera</u>, vulgar o jayana. Ejemplo: *"Brayan bromeando se pone la manguera del radiador del carro como si fuera su pene y se ríe, Kevin lo ve y le dice. -Puta loco, mirá si no sos un gran <u>chabacán</u>".*

CHABELIADO: Que denota <u>algo falsificado</u>, fraudulento. Puede ser también una copia de algo, por ejemplo: un teléfono, televisor, reloj, o de ropa, cartera, o parte de carro, etc., pero no de la marca original. ➔ Cambio semántico: Es algo que ha sido <u>adulterado</u>. Ejemplo: *"Kevin riéndose les dice a los muchachos: Ay-andaba don Chepe bien encachimbado porque según él, le vendieron la botella de guaro chabeliada con agua".*

CHACALELE: Se refiere <u>al corazón</u>. Del náhuatl *'Tchakaleletl'* que quiere decir juguete que hace un sonido de tictac. Sinónimo: Reloj.

CHACALÍN: Es un <u>camarón de rio</u>. Ya cocinados tienen un color anaranjado rojizo y generalmente son preservados en sal.

CHACHAJEAR: Del náhuatl *'Tchaclatetl'*. Significa <u>cortar</u>, <u>recortar</u>. Es cortar de mala forma el cabello, una prenda de vestir, un árbol o el césped, etc. ➔ Cambio semántico: Es una <u>circuncisión</u>, que dicha por el pueblo es 'chachajear el chile'.

CHACHALACA: Del náhuatl *'Shachalactl'*, y significa <u>parlanchín</u>, amigable. Ejemplo: *"Kevin dice. -Este Brayan serote ya con sus chelas adentro se pone bien <u>chachalaca</u> el serote".*

CHACHO: Del náhuatl *'Shachatl'*, significa <u>gemelos</u>, <u>siameses</u>. Se dice de dos frutos, cosas o personas adheridas una a la otra. Sinónimos: Juntar, esposar, igualar, emparejar. Ejemplo: *Ay-andaba la jura agarrando a los que manejan bolos, y diuna vez <u>les enchachan</u> las manos".* Nota: Enchachar las manos equivale a *'la policía lo esposó'.*

CHAJAZO: Para referirse a <u>una herida larga y recta hecha con un arma blanca,</u> generalmente un machete. ➔ Cambio semántico: Es <u>una rajadura</u> en una pared u otro objeto. ➔ Cambio semántico: <u>Vagina</u>.

CHAFA: Algo de <u>mala calidad</u> o <u>fraudulento</u>. Ejemplo: *"-Byron dice. - Brayan ese pantalón que te compraste <u>es chafa</u>, en el camino se te va a deshacer."*

CHAFLANAZO: En el futbol, golpe al balón con curva con efecto de rotación. ➔ Cambio semántico: <u>golpe dado con el plan del machete</u>.

CHAMARREAR: Equivale a <u>regañar a alguien fuertemente</u>. Es reprender o amonestar con desdeño.

CHAMBÓN: Dicho de una <u>persona negligente,</u> <u>descuidado</u>, inepto. Ejemplo: *"Kevin enojado dice: Brayan, mirá lo que hacés serote, no seas tan <u>chambón</u>, ¿Cómo le vas a poner una pieza de Chevrolet a un Toyota? Byron agrega. -Eso te pasa por apendejado y estar pensando tanto en la Bessy.*

CHAMBÓNADA: Se refiere a cualquier <u>cosa o actividad mal hecha</u>. Ejemplo: *"Kevin dice. -Mirá don Chepe si no es chambón, ayer se puso bien a verga y pintó el picacho que tiene con una brocha".*

CHAMBRE: Se refiere a <u>un chisme</u>, a <u>una mentira</u>, <u>calumnia</u> y aun también, a <u>un suceso real</u>. <u>Ejemplo de chisme</u>: Dice una vecina a la otra. - *¿Ya viste a la Bessy que ahí anda de novia del Brayan y del Yéffry también?* <u>Ejemplo de mentira</u>: La otra vecina dice. *-Esa Bessy es una peperecha completa.* <u>Ejemplo de calumnia</u>: Otra agrega. *-Yo creo que hasta panzona está ya por piscucha.* <u>Ejemplo real</u>: Finalmente otra vecina dice. *-Ay diocuarde, Yo conozco ala Bessy desde que tenía un año, y yo sé que esa muchacha es seria.*

CHAMBREAR: Es <u>hablar con indiscreción o malicia de alguien</u> o de sus asuntos. Sinónimos: Chismear, chiclear, morder el culo, etc.

CHAMBROLOGÍA: Es la <u>ciencia o estudio del lenguaje del pueblo</u>. La Chambrología plantea cómo, la comunicación, la relación social y las facultades de conducta en las personas están altamente ligadas. Chambrología es derivado del francés *'chambre'* que quiere decir cuarto o recámara, y abreviado de la frase *'ve a chismear en privado al cuarto'*, y del griego *'logía'* que significa tratado o estudio.

CHAMPA: Del náhuatl *'Tchantl'*, que significa <u>hogar o casa</u>. Es en general una vivienda sencilla, hecha de paja, adobe y bajareque y casi siempre en el campo.

CHAMPERÍO: Es el <u>conjunto de champas</u> o casas humildes ubicadas en general en vecindarios marginales.

CHANCHADA: Dicho de cualquier cosa o <u>actividad mal realizada</u>. Es algo destartalado, como si hubiera sido pateado por chanchos.

CHANCHONA: Una <u>chancha hembra muy grande</u>. ➔ Cambio semántico: <u>Es una Banda musical</u>. La <u>chanchona</u> como banda está conformado generalmente por violines, guitarras, acordeón y el güiro. Este particular estilo de música se origina en la zona oriental de El Salvador. Una de los mayores exponentes de este tipo de música es La Chanchona de Arcadio.

CHANCHUYO: Equivale a <u>problema, dificultad</u> o malos entendidos. Ejemplo: *"En el taller de Kevin, Brayan dice. -Puta Kevin, este carro tiene más chanchullos que la Selecta. Kevin dice. -Ahuevo loco, no sé si emputarme por tanta bronca o alegrarme por el trabajo que nos da".*

CHANCOMIDO: Dicho de algo <u>carcomido o mordido</u>. Ejemplo: *"Puta, los frenos de este carro están todos chancomidos los cabrones".*

CHANGONETA: Equivale a <u>algo sin valor</u>, <u>destruido</u>, <u>tonterías</u>. *"Kevin le dice a Brayan. -¿Qué le pasó a tu bicicleta? Brayan responde. -No sé, ayer fui a la tienda a comprar una charamusca cuando regresé ya estaba hecha <u>changoneta</u>. Byron agrega. -¡Puta loco ¡parece que le pasó un carro encima!"*

CHANKAKA: Es un <u>pan o dulce de maíz</u>. Del náhuatl *'Tchiankacatl'* que significa 'moler', 'machacar' o 'triturar'.

CHAPA: Para referirse a <u>la cerradura de una puerta</u>.

CHAPANDONGO: Es <u>un desorden</u>, desbarajuste, relajo. Sinónimos: Desorden, enredo, deschongue, despije.

CHAPEAR: Anglicismo de '*chop*' que significa <u>cortar o recorte</u>.

CHAPUCERO: Dicho de una persona q<u>ue trabaja de modo tosco, chambón</u>, negligente o sin experiencia. Ejemplo: "*Ya con sus birrias, Kevin le dice a Brayan y Byron. -Yo tengo que cuidar mi taller y mi reputación de mecánico, para que ningún hijo de puta me llame <u>chapucero</u>. Brayan agrega. ¡Ahuevo loco!*" Del anglicismo '*chop*'.

CHAPUDO: Dicho de alguien <u>con la piel roja o colorada</u>. ➔ Cambio semántico: <u>Ponerse chapudo</u> es avergonzarse o tener vergüenza.

CHAQUETEAR: Equivale a <u>salir en guinda</u>. Sinónimos: Fugarse. Ejemplo: "*Dice Brayan a Kevin y Byron. -Ayer estaba amasando a la Bessy cerca de su casa y en eso no llegó el tata de ella, y salí <u>chaqueteado</u>.* ➔ Cambio semántico: Es también <u>masturbarse</u>.

CHARAMUSCA: Es una <u>Bebida o fresco congelado en bolsa plástica</u>. ➔ Cambio semántico: <u>Camiseta apretada</u>. Se dice de una persona que viste una camiseta tan apretada que parece charamusca.

CHARRAL: es la <u>maleza desordenada</u>. Dicho de un lugar donde el monte o zacate crece sin cuidado o está abandonado. ➔ Cambio semántico: Es el <u>cabello largo y desordenado</u>.

CHARRANGANEAR: Es una persona que <u>toca la guitarra</u>.

CHÉJEIN: Se dice en forma burlona a alguien '<u>por decir una indiada</u>'. Ejemplo: "*Brayan dice. -Puta, está bien fuerte la calor. A lo que Kevin dice burlándose. ¡Chéjein! Y Byron agrega: Mirá si no sos serote Brayan, se dice el calor y no la calor*".

CHELE: Es una <u>persona de tez blanca</u>. Del náhuatl '*Chelitl*' que significa verde o tierno. Ahora equivale a persona de piel blanca<u> o rubia</u>. ➔ Cambio semántico: <u>Los cheles</u> equivale a los gringos.

CHEMI: Equivale a <u>camiseta</u>. ➔ Cambio semántico: <u>Condón</u> o preservativo.

CHENCA: Para referirse a <u>la colilla de un cigarrillo</u>.

CHENGA: Para referirse a una <u>tortilla de maíz</u>.

CHENGA PLUS: Para referirse a una <u>pupusa de queso o frijoles</u>.

CHENGA SÚPER: Para referirse a una <u>pupusa revuelta</u>.

CHEQUEAR: Anglicismo de *'Check'* que <u>significa examinar</u>, inspeccionar, investigar.

CHERCHE: Es una <u>persona de piel pálida</u>. Del náhuatl *'Chelitl'* que significa verde o tierno. Es la persona o cosa de color blanco, pálido o payulo.

CHERENQUECA: Así es llamada una <u>lagartija</u> en el oriente de El Salvador. En San Salvador la lagartija es llamada <u>tenguereche</u>.

CHERETA: Es una <u>lengua de cuero</u> como la del zapato, o la de una persona o animal. Chereta es también cualquier cosa similar a una lengua. Ejemplo: "Kevin dice. -*Dale agua al chucho Brayan, ¿No ves que anda con la <u>chereta</u> afuera?*"

CHERO: Equivale a un <u>amigo</u>, <u>compañero</u>, <u>camarada</u>, compinche, etc. Es un galicismo de *'Cher'* que significa querido. Ejemplo: "*Kevin pregunta. -¿Qué hiciste el bocho Brayan? Él responde. -Se lo presté a un <u>chero</u>*".

CHERO DE CHUPE: Se refiere a al <u>amigo fiel que siempre acompaña a tomar</u>. Es el <u>compinche de borrachera</u>. A veces dicho <u>'alero de chupe'</u>.

CHEVE: Equivale a <u>cerveza</u>. Sinónimos: Chelas, birrias, heladitas, etc.

CHICHA: Dicho de <u>una bebida artesanal alcohólica</u>, esta se hace con cáscara de piña, maíz, manzanas, dulce de atado (panela), cilantro, jengibre y otros. Ejemplo: "*Qué pija de verguera nos pusimos el Byron, Brayan y yo con la chicha que hizo Bessy para la fiesta*". Sinónimos: Guaro, chaparro, licor, etc.

CHICHE PAL-ENGANCHE: Es <u>una persona fácil de engañar</u>. Sinónimos: Ingenuo, incauto, idiota, pendejo, etc.

CHICHE: Del náhuatl '*Tchichihuali*' que significa <u>pecho o mama</u>. Es el órgano glanduloso que los mamíferos (hembras) tienen para alimentar a sus crías con leche. ➔ Cambio semántico: Para referirse a algo <u>fácil o suave</u> o sin complicaciones.

CHICHÍ: Del náhuatl '*Tchichihualitl*' que significa <u>niño de pecho</u>.

CHICLE: Del náhuatl '*Tsictitl*' que es la <u>savia del fruto del zapote</u>. En el presente significa <u>goma de mascar</u>. ➔ Cambio semántico: <u>Es un chambre</u>, rumor, chisme. ➔ Cambio semántico: Es alguien <u>muy pegajoso o meloso</u>. Ejemplo: "*Kevin dice. -Brayan ya parecés chicle pegado de la Bessy, te va amontar verga su papá serote*".

CHICLOSA: Se dice de una <u>persona habladora</u>, chismosa, chambrosa.

CHIFLÓN: Dicho de una fuerte <u>ráfaga de viento</u>.

CHIFURNIA: Se dice de un lugar o <u>vecindario malo</u>, de un área marginal o sitio lejano.

CHILATE: Es un <u>atol de maíz tostado</u>. Del náhuatl '*Tchilatl*' y significa atole. Es una bebida insípida, sin embargo, acompañada de nuégados (yuca frita en miel). El contraste que produce el insípido chilate y el nuégado dulce se vuelve uno de los mejores manjares del mundo. ➔ Cambio semántico: Hablar chilate es chambriar, chismear.

CHILATEAR: Es <u>hablar o hacer cualquier cosa</u> para perder el tiempo. Es <u>irse de paseo</u> con los amigos o la familia.

CHILGUETEAR: Es la <u>acción de salpicar o rociar</u> agua o cualquier líquido sobre algo. ➔ Cambio semántico: También se le dice a la acción de <u>tener sexo</u> y <u>copular</u>.

CHILIPUCA: Es una variedad de <u>frijoles de gran tamaño</u>. A veces el frijol Pinto es llamado también chilipucas. del náhuatl '*Tchalicotli*' que quiere decir frijoles gordos.

CHILLAR: Equivale a <u>llorar</u>', <u>sollozar</u>, en niños es dar alaridos.

CHILLO: Equivale a <u>un problema</u>. Sinónimos: Deuda, lío, dificultad.

CHILTEPE: Planta herbácea de flor blanca y su fruto o 'chile' es rojo, redondo, que se usa en cocina como condimento picante. Del náhuatl 'Chilli' que significa pimiento y 'Tecpintli' que significa pulga.

CHIQUERO: Es un <u>desorden descomunal</u>. Dicho generalmente por una madre a su hijo porque lo que él toca lo deja todo hecho un chiquero.

CHIMAR: Del náhuatl 'Tchimatl' que significa <u>rozar</u>, <u>frotar</u>, raspar. ➔ Cambio semántico: Es la acción de <u>tener sexo</u>.

CHIMBOLO: Del náhuatl 'Tchimputl' que significa <u>pequeño pez</u>. ➔ Cambio semántico: Chimbolo es un <u>renacuajo</u>, la etapa larvaria en el ciclo de vida de un anfibio. ➔ Cambio semántico: Tener <u>ojos grandes</u>.

CHIMBOMBA: Es <u>una bola de cualquier cosa</u>. Sinónimos: Pelota, balón, ➔ Cambio semántico: Chichote o chichón, también puede ser un tumor o protuberancia en el cuerpo.

CHINA: Del náhuatl 'Tchichihua' que significa nodriza o <u>mujer dedicada al cuido de niños.</u>

CHINCHE: Es un pequeño insecto de color rojo oscuro, con antenas cortas y cabeza inclinada hacia abajo y de picaduras muy irritantes. Ejemplo: *"Brayan dice. -¡Puta! Al momento que tengo las manos ocupadas me pica una <u>chinche</u> hija de la gran puta en la espalda"*.

CHINCHE Y TELEPATE: Equivale a decir '<u>de todo</u>', 'de tocho morocho".

CHIN-CHÍN: Del náhuatl 'Tchin tchintl' que significa cascabel. ➔ Cambio semántico: <u>Jjuguete infantil</u> que hace sonidos como cascabel.

CHINCHINEAR: Es <u>cargar o cantarle a un niño</u>, a un tierno o bebé. También se le dice 'chinchinear" cuando se halaga a una persona. Sinónimos: Consentir, adular. Ejemplo: *"Kevin le dice a Brayan, -Mirá, lo único que te digo es que vos demasiado <u>chinchineás</u> a la Bessy, por eso te mandó a la mierda"*.

CHINCHORRO: Es una <u>hamaca tejida de cordeles</u>, pita o fibra. En algunos lugares un chinchorro es la red o malla para pescar.

CHINEAR: Equivale a <u>cargar a alguien</u>. <u>Es cargar a un niño</u>.

CHINGAR: Es <u>molestar</u>, <u>incomodar</u>, <u>joder</u>. Del náhuatl 'Tchincohuía' que significa rozar, raspar. Ejemplo: *"Sólo te digo Brayan, dejá de estar <u>chingando</u> al Yéffry, mirá que ese cabrón te va a montar verga"*.

CHINGASTE: Es <u>el residuo que queda al preparar café</u>. ➔ Cambio semántico: Es <u>Destruir</u>, dañar, arruinar, etc. Ejemplo: *"Kevin les dice a los muchachos: Don Chepe se puso a pija otra vez y volvió a chocar el picacho, lo hizo <u>chingaste</u>, y a él, ya lo tienen enchironado"*.

CHINPINILLA: Dicho del <u>hueso que va desde la rodilla al tobillo</u>. Ejemplo: *"Mientras Brayan ayuda a Kevin a arreglar un carro, se golpea en la espinilla y sobándose el golpe dice. -¡Hijuesesenta mil putas! Me di un talegazo en la mera <u>chimpinilla</u>"*.

CHIPUSTE: Del náhuatl 'Tshupuctl' que significa chichote (chichón). También se le llama a cualquier cosa o parte de algo. Ejemplo: *"Kevin dice. -Hey Brayan, ponele a esa pieza un <u>chipuste</u> de grasa"*.

CHIQUIRÍN: Equivale o referente al <u>ano</u>. Sinónimos: Culo, nalgas, etc.

CHIRA: Del náhuatl 'Tcira' que significa <u>herida</u>, <u>grano</u>, <u>lesión</u>. En el oriente de El Salvador se le llama así a las vejigas o <u>globos de látex</u> y quizá esté derivado de 'chereta'.

CHIRAJO: Dicho de la <u>ropa vieja o andrajo</u>. También se utiliza para llamar a la ropa nueva. Ejemplo: *"Don Chepe le dice a Brayan. - ¡Qué chirajo de pantalón más vergón te compraste, te queda bien rico!"*

CHIRIVICO: Derivado de chivo, <u>muy bonito</u>, buenísimo.

CHIRIVISCO: Es una rama o <u>arbusto seco</u>, es también un <u>palo delgado</u>. ➔ Cambio semántico: <u>Persona muy delgada</u>.

CHIRIZO: Dicho del <u>cabello maltratado</u> o quemado por el sol o cualquier sustancia. Ejemplo: *"Brayan dice. -Puta, toqué el cable pelado de la batería y me pegó un talegazo eléctrico, mirá cómo me quedó el pelo todo <u>chirizo</u>"*.

CHIROLÓN: Se dice de la <u>chibola o canica grande</u>, es algo redondo, ya sea una pelota o un dulce o chicle redondo y grande. ➔ Cambio semántico: Es una persona <u>obesa</u>.

CHIRONA: Equivale a <u>la cárcel</u>, bartolinas, el bote o la prisión. ➔ Cambio semántico: <u>Estar casado con una mujer agresiva</u>, intolerante y que tiene a su marido sin poder hablar, tejiendo y viendo la novela.

CHIRRIA: Es <u>molestar</u>, <u>fastidiar</u>, provocar o <u>joder incesantemente</u>, etc. ➔ Cambio semántico: Dar chirria es <u>incitar a alguien</u> a hacer algo. ➔ Cambio semántico: Es tener ganas de algo. Ejemplo: *'Ya hace ratos tengo ganas de comer mango tierno con chile y alguaiste"*.

CHIRRIÓN: Dicho de un palo largo y delgado. Sinónimo chilillo, palo. ➔ Cambio semántico: <u>Pene</u>.

CHIRRIONAZO: Golpear con <u>un chirrión</u> (<u>palo largo</u>). Ejemplo: "Kevin dice. -*El domingo pasado, allá en el estadio nos pusimos bien a pija, y este serote de Brayan armó un gran despije, y no llega la jura pues, y enputados empezaron a repartir <u>chirrionazos</u> a izquierda y derecha y salió toda la majada hecha un chichipuste en guinda"*.

CHIRUSTE: Cosa o <u>parte de algo</u>. Sinónimo: pieza, cualquier porción de materia blanda, ➔ Cambio semántico: Es una <u>persona meque</u> (metida) o insolente. ➔ Cambio semántico: Es <u>un niño</u>.

CHISPIAR: Del náhuatl *'Tchipitl'* que significa <u>gotear o rociar</u>. Es salpicar o regar un líquido sobre algo.

CHIVEAR: Dicho de <u>jugar al 'chivo' o dados</u>. ➔ Cambio semántico: Es <u>evadir</u>, eludir, o evitar algo. Ejemplo: "*Brayan le dice a Kevin. -Ayer estaba amasando a la Bessy y vi que venía su mamá de la tienda, y rapidito me chivié para que no me pegar un talegazo"*..

CHOCALA: Dicho a la acción de <u>darse las manos</u> en amistad o al estar de acuerdo, al hacer un contrato, de brindis, de hermandad, de amistad, etc.

CHOCO: Es una <u>persona invidente</u>, <u>de visión limitada</u> o <u>que usa lentes</u>.

CHOCOLATE: Dicho de una persona que usa lentes o es ciega. Del náhuatl '*Tchocolatl*', palabra compuesta por *Tchocotl*' que significa cocoa caliente y de '*atl*' que significa 'agua'.

CHOCOLÍA: Para referirse a alguien que molesta intensamente. Es alguien que jode y jode hasta el fastidio y generalmente es un niño. Del náhuatl '*Tshocotl* y significa molestar.

CHOCOYO: Del náhuatl '*Tchocoa*'' que significa llorar. ➔ Cambio semántico: Es un perico (lora) recién nacido. Se le dice así porque emite sonidos similares al llanto.

CHOLCO: Es la persona, animal o cosa que le falta uno o varios dientes. Ejemplo: *"Kevin le dice a Byron. – El Brayan ay-anda bien emputado por el texto que le mandó el Yéffry donde le dice que lo va a dejar cholco de un solo serotazo"*.

CHOLERA: Forma despectiva de llamar a una empleada doméstica. ➔ Cambio semántico: Es un lambiscón. Es una persona que adula o halaga a otra. Ejemplo: *"Kevin le dice a Brayan. -Puta loco, la Bessy como se aprovecha de vos, te tiene como cholero"*.

CHOLLADO: Es una persona que tiene un notable deterioro de las facultades mentales. Es también alguien con graves trastornos de conducta. También se escribe a veces shollado, choyado, etc.

CHOLO: Para referirse una persona, animal o cosa grande. ➔ Cambio semántico: Es un pandillero.

CHOLOTÓN: Para referirse una persona o cosa muy grande. ➔ Cambio semántico: Es una persona obesa o gorda.

CHOMPIPE: Es el pavo común. Es un ave del orden de las galliformes, originaria del continente americano, es más grande que la gallina, cuello largo y sin plumas. Sinónimos Pavo, chumpe, chompipe, guajolote, jolote, etc. ➔ Cambio semántico: Una persona tonta.

CHONGA: Equivale a un lazo o fajita de color para amarrar regalos.

CHONGUENGA: Una <u>fiesta con hartazón</u>, chupe y musicón. Sinónimos: Festejo, deschongue, pachanga, etc.

CHONTES: Es equivalente a <u>agentes de la policía</u>. Sinónimos: Jura, cuilios, chota.

CHONTOCA: Equivale a <u>la cabeza</u>. Sinónimos: Chondonga, maceta, cepa, etc.

CHORCHA: Se dice de la <u>cresta que poseen ciertas aves</u> en la cabeza. → Cambio semántico: <u>Vagina</u>.

CHORRO: Es la llave, grifo o <u>válvula del agua</u>. → Cambio semántico: Es <u>una gran cantidad</u> de gente o cosas.

CHORREADO: Dicho de una persona con su cara sucia, dicho en general de un niño <u>que su ropa está sucia,</u> similar al vocablo 'mocoso'.

CHORREASTES: Equivales a decir 'te <u>equivocate</u>', la regaste, es hacer un error.

CHOTA: Es equivalente a <u>la policía</u>. Sinónimos: Jura, cuilios, , Etc.

CHOTEADO: Dicho de <u>algo muy usado o viejo</u>. También se refiere a algo muy común. → Cambio semántico: Una <u>mujer choteada</u> es una dama con una extensa lista de amoríos y amantes.

CHOTEAR: Para referirse a <u>ir de paseo</u>. Es también viajar, recorrer, etc. → Cambio semántico: <u>Chotear a alguien</u> es delatar o denunciar a alguien con las autoridades o la chota.

CHOTO: Es algo gratis. En general se dice '<u>de choto</u>'.

CHOR: Es un <u>pantalón corto</u>, Anglicismo de la palabra 'Short'.

CHOYADO: Es una <u>persona frenética</u>, <u>imprudente</u>, <u>desinhibida</u>, <u>loca</u>, extrovertido, perturbado, desequilibrado, maniático, precipitado, etc. Ejemplo: *"Le dice Brayan a Kevin. -Ahí te traje las llantas del carro. Kevin responde enojado. - ¡A la gran puta!, ¡Te mandé a buscar los frenos del carro no las llantas cerote <u>choyado</u>!*

CHOYUDO: Es una <u>persona terca</u>, necia, testaruda, cueruda, etc. ➔ Cambio semántico: <u>haragán</u>, huevón, perezosa, etc.

CHUCHA CON PUJO: Para referirse a <u>una mujer coqueta</u>. En muchas veces se dice cuando una mujer anda excitada sexualmente. Ejemplo: *"Brayan le dice a Kevin. -Ay anda la Bessy bien encachimbada porque la niá Cecilia le dijo que parecía chucha con pujo".*

CHUCHERÍA: Se refiere a <u>cualquier tipo de golosina</u>.

CHÚCHICA: Es una <u>forma cortés de decir ¡puta!</u> Es una exclamación de cólera, tristeza, sorpresa o susto. Procede de 'púchica'.

CHUCHO DE FINCA: Dicho de una <u>persona que defiende lo suyo enérgicamente</u>. Es una especia descendiente de chucho aguacatero y desarrollados a ser más agresivos que el original, con el objetivo de cuidar y vigilar fincas.

CHUCHO: Del castellano antiguo, <u>chucho es un perro</u>. Es un chucho de cualquier raza, pero con orgullo y en especial; chucho es ese, el de la raza nacional o aguacatero, llamado también aguacaterry. ➔ Cambio semántico: <u>Tacaño</u>. Es una persona de poca bondad monetaria o simplemente un serote egoísta. Sinónimos: Agarrado, ávaro, codo.

CHUCO: Del náhuatl *'Tchucutl'* que <u>significa agrio</u>, <u>dañado</u>, es algo que está fermentado. Dicho de <u>algo que está sucio</u>.

CHUECO: Es <u>una cosa torcida</u>, que está de lado o virado. Sinónimos: Mal hecha, defectuosa.

CHULEAR: Es <u>enamorar a alguien</u>, es decirle a alguien 'qué chula es' o cuentearla con palabras bonitas. Sinónimos: cortejar, piropear, adular.

CHULLAS: Equivale a <u>dinero</u>, a dólares, billetes, pisto o chirilicas.

CHULO: Dicho de <u>algo o alguien bonito</u>, muy lindo o agradable. Chulo también se usa con ironía. Ejemplo: *"Le dice la esposa a su marido que llega bien a pija y casi cayéndose: ¡Ve qué <u>chulo</u> venís gran serote!"*

CHULÓN: Es una <u>persona que está desnuda</u>. Ejemplo: *"Dice Kevin. -El viernes después de trabajar, nos estábamos echando las chelas en el taller, y ya bien a pija el choyado de Brayan no se quitó la ropa y salió corriendo todo <u>chulón</u> a la calle, y ahí andaba como que era aleluyo gritando que el mundo se iba a acabar"*.

CHULUNCO: Es <u>algo corto o cuto</u>. Del náhuatl '*Kútun*' que significa <u>pequeño</u> o corto. Dicho para referirse a cualquier cosa que es más corta de lo normal, incluyendo prendas de vestir.

CHUMAZO: Son <u>cosas que están juntas o amarradas</u>. Del náhuatl '*Tchumatl*' que significa atado, amarrado, junto. Ahora se usa para referirse a un montón de cosas.

CHUMPA: Es <u>una chaqueta</u>. Anglicismo de '*Jumper*'. Sirve para referirse a una prenda de vestir que protege del frío o la lluvia.

CHUNCHE: Es <u>cualquier cosa vieja</u>. Del náhuatl '*Tchúltetl*' que significa cosa sin valor. Sinónimos: Cosas, cachivaches, tiliches, cambalaches.
➔ Cambio semántico: <u>Amante</u>, se refiere generalmente a una mujer.
➔ Cambio semántico: para referirse a la <u>vagina</u>.

CHUNCHUCUYO: Dicho de la <u>cadera de las aves</u>, es <u>el culo del pollo</u>. Se le llama también así mismo a <u>las nalgas</u> de una persona. Ejemplo: *"Burlándose de Brayan, Kevin le dice a Byron. -Viste que rico le queda ese pantalón a Bessy. Byron dice. -se le ve chulo el <u>chunchucuyo</u>. Muy molesto Brayan les dice a los dos, -Respeten serotes"*.

CHUNGUEAR: Es <u>molestar o provocar</u> con la intención de pelear. Sinónimo de inducir o incitar. A veces se escribe 'chunguiar'.

CHUMPE: Apocope de <u>chompipe o pavo común</u>. Sinónimos Pavo, chumpe, guajolote, jolote, etc. ➔ Cambio semántico: Chumpe es alguien muy <u>tonto o apendejado</u>.

CHUÑA: Equivale a <u>pie o los pies</u>. ➔ Cambio semántico: Estar <u>descalzo</u>. Ejemplo: *"A mi amigo Diego Maradiaga le dicen <u>chuña</u> porque siempre juega al fútbol <u>descalzo</u>"*.

CHUPADERO: Lugar <u>donde se toma licor</u>. Sinónimos: Cantina, bar, restaurante o cualquier establecimiento donde venden bebidas embriagantes.

CHUQUIADO: <u>comida dañada</u>. Del náhuatl *'Tshucutl'* que significa agrio, dañada o algo que está fermentado. Dicho de algo que está arruinado y huele mal, especialmente cuando se refiere a la comida.

CHURRIA: Para referirse a la <u>diarrea</u>. Sinónimos: Curso o 'corré-que-te-alcanza'. ➔ Cambio semántico: <u>Churria es un tipo de marisco</u> en el departamento de La Unión, El Salvador.

CHURRUSTACA: Es <u>diarrea crónica</u>. Según el doctor Matazano en la clínica de Calzontes Abajo en Santa Ana, su nombre técnico es CG o *curso grave*), C.A.I. es *Cursitis Aguda e Incontrolable*, C.A.E. es *Cursitis Aguda y Explosiva*. Como remedios naturales a veces se usa el fruto del Tapaculo. También se recomienda el fresco del papaturro con un poco de ajo, sino cualquier churute parecido a un corcho para enchutárselo en el chiquistríquis del paciente.

CHURUTE: Pedazo de alguna cosa, <u>una punta de algo</u> o cualquier chuzo o protuberancia carnosa. ➔ Cambio semántico: Churute es otra palabra para decir <u>pene</u>. Ejemplo: *"Brayan le dice a Kevin. -Mirá ese ruco Kevin, ay anda bien a pija y con <u>el churute</u> afuera"*.

CHUSPA: Es <u>meter chibolas o canicas en un hoyo</u>. Es un juego infantil que consiste en introducir semillas de marañón o chibolas en un agujero. ➔ Cambio semántico: Es <u>jugar basquetbol</u> o el meter la pelota en la canasta. ➔ Cambio semántico: <u>Es la vagina</u>.

CHUTE: Es una <u>persona entrometida</u>. Sinónimos: meque, metido. ➔

CHUZO: Dicho de <u>cualquier objeto con punta cortante,</u> ya sea un lápiz, palo, lanza, etc. Ejemplo: *"En el taller Kevin le dice a Brayan. -Tené cuidado Brayan, acabo de poner <u>un chuzo</u> del carro en el suelo, está bien largo y puntudo, no te vayas a caer y te lo enchutés en el chunchucuyo y te guste y después andés por ahí de pipián"*. ➔ Cambio semántico: <u>Chuzo</u> es también otra forma de decir <u>pene</u>.

CHUZÓN: Equivale a <u>bus o autobús</u>. Es un vocablo derivado de chuzo. Este tiene cambio semántico en el presente y chuzón ahora significa algo que vuela a gran velocidad como una flecha a través del tráfico, en este caso un autobús.

CIHUANABA: Es una <u>mujer espectro</u> de la mitología Maya Centro Americana. Esta palabra proviene del náhuatl y contiene los términos *Tzihuatl* que significa mujer y *'Matlatl'* que quiere decir mochila. En otras palabras, Ciguanaba es un espectro cazadora de hombres. Se cree que el Cipitillo es su hijo. Cihuanaba es a veces escrito con la letra 'S' o Sihuanaba o con la 'G' o Siguanaba.

CIPITILLO: Es un <u>espectro infantil</u> de la mitología Maya Centro Americana. Proviene del Nahuatl *'Tzipitl'* que significa niño o cipote. Según la leyenda Maya, es un niño de unos ocho años en busca eterna de su madre (la Cihuanaba) y por eso se les aparece sólo a mujeres, y aunque causa temor en ellas porque el Cipitillo es un fantasma, este es considerado inofensivo. Se caracteriza por coquetear y hacerle bromas a mujeres y tener una risa burlona.

CIPOTE: Es <u>un niño o joven</u>. Del náhuatl *'Tzipitl'* que significa niño, adolescente, joven. Sinónimos; Bicho, mono, etc. ➜ Cambio semántico: <u>Novio o novia</u>. ➜ Cambio semántico: <u>Amigo o camarada</u>. Ejemplo. *"Un compañero de trabajo se encuentra a un colega en el bus y le dice: ¿Cómo estás <u>cipote</u>? El otro responde. -Bien y vos"*.

CLAREADO: Dicho de una <u>persona desvelada</u>. Sinónimos: Desvelo, insomnio, vela. Ejemplo: *"Kevin dice todo adolorido. -Puta que clase de verga que nos pusimos ayer el Brayan, Bayron y yo, andamos con una pija de goma y bien clareados"*.

CLASE DE VERGA: Es ponerse <u>una suprema borrachera</u>. Es hacer una fiesta o reunión donde los cheros se ponen a chupar como si el guaro serote se fuera a acabar. Ejemplo: *"Dice Kevin a sus cheros. -No cabrones, hoy tiene mascón la Selecta, y ya saben que, si gana, pierda o empaten los serotes, de todos modos, hoy nos vamos a poner <u>una clase de verga</u>"*.

CLAVADO: Es quedarsele viendo a algo o alguien fijamente. ➔ Cambio de semántica: Estar clavado es tener un compromiso o deuda con alguien. ➔ Cambio de semántica: Es estar preso. ➔ Cambio de semántica: Es estar aferrado o enamorado de alguien. Ejemplo: "Byron le dice a Kevin frente a Brayan. -*Este Brayan serote está bien clavado de la Bessy, y a ella le vale pija*".

CLAVAR: Equivale a robarse algo. Es hurtar, despojar, bombiar, tamalear, etc. ➔ Cambio de semántica: Es tener sexo.

CLAVO: Equivale a un problema o dificultad, es un conflicto o deuda.

COCINA: En El Salvador es el aparato donde se prepara la comida, mientras que en otros países esta es una estufa, y para ellos la cocina es el cuarto donde está la estufa. Ahora, si eso es correcto, los guanacos vergones tenemos que hacerte las siguientes preguntas: Por ejemplo: Si estás en campamento y con hambre en medio de un bosque, y ponés en el suelo tres piedras con un fuego para preparar algo para comer, entonces, mi pregunta aquí es: ¿Cómo llamas esa acción de preparar comida, estufar o cocinar? Si dijiste cocinar, te pregunto: primero, ¿Cómo es posible si no tienes un cuarto de cocina? Segundo, si dijiste cocinar, entonces ¿Cómo se llama el aparato donde cocinas? Ahora, si dijiste 'estufar', sí le puedes llamar al aparato estufa.

COLGÓ LOS CAITES: Equivale a terminar con algo o darse por vencido. Es aceptar la derrota, una frase similar es '*colgó los tenis*'. ➔ Cambio de semántica: Se refiere a una persona que ha muerto.

COLÓN: El colón es una unidad monetaria de El Salvador desde 1892. Antes de la llegada de los españoles a América, en Mesoamérica se usó la semilla de cacao como moneda. Siglos más tarde y mientras El Salvador fue parte del Imperio Español se usó el Peso de Plata. Luego de la independencia de 1821 fue establecido el Real Salvadoreño. Finalmente, en el año 1892 se establece el Colón. En el año 2001, el Colón tenía la taza de cambio fijo de 8.75 colones por $1 dólar de Estados Unidos. En 2001 fue sustituido progresivamente por el dólar estadounidense. Actualmente tiene curso legal, sin embargo, en la práctica está en desuso.

COLOCHO: De <u>cabello ondulado o crespo</u>. Del náhuatl '*Tcolochtl*' que significa cola de alacrán. Es una persona de cabello rizado.

COMAL: Es un <u>utensilio de varios tamaños de barro o metal que</u>, sobre el fuego, se usa <u>para cocinar tortillas</u>, <u>pupusas</u> y otras comidas. Del náhuatl *Tkúmal*, disco de barro cocido que sirve como utensilio de cocina. Todavía se utiliza su nombre en su sentido original.

COMPONERSE: Es <u>lograr lo que uno quiere</u>. Es aquella persona que mejora su vida con una posición, dinero, mujeres, etc. ➔ Cambio de semántica: Es <u>tener relaciones sexuales</u>. Ejemplo: "*Dice Brayan. -Mirá Kevin, yo he hecho de todo para componerme a la Bessy, pero es demás, no me quiere prestar el nance*".

COMPUTAR: Dicho de una <u>persona que piensa o analiza muy bien</u> las cosas. Sinónimos: Reflexionar, razonar, deducir, estudiar.

CON EL CULO A DOS MANOS: Es <u>estar en una angustia o zozobra fuerte</u>. Es estar muy afligido, tenso o nervioso. Sinónimo: Estar culillo, tener pálida, etc.

CON EL CULO RAYADO: Es una <u>persona muy haragana</u>, que por estar sentado mucho tiempo sin hacer nada, cuando se levanta está con el culo marcado con el asiento de la silla.

CON LOS COYOLES RAYADOS: Es una <u>persona muy haragana</u>, que por estar sentado mucho tiempo sin hacer nada, cuando se levanta está con los coyoles marcados con el asiento de la silla.

CON LOS HUEVOS AL AIRE: Es una <u>persona muy despreocupada o haragana</u> que se la pasa acostado en la hamaca debajo del palo de mango y le vale cuatro hectáreas de pija lo que pasa a su alrededor o en el mundo.

CON TUFO A MONTE: Es la <u>persona recién llegada a la ciudad</u>, o que vive en la ciudad, pero sigue comportándose con los hábitos propios de la vida de campo. De igual manera se dice '*con tufo a vaca*' como también '*recién bajado del cerro*'.

CONECTARSE: Es <u>tener influencias</u> con personas importantes. Conectarse es la acción de promoverse con otras personas importantes para crear un círculo de amistades para así avanzar su carrera. Sinónimo: Tener cuello.

CON-GANAS: Son <u>personas originarias de El Congo</u>, un lindo pueblo de Santa Ana, El Salvador. Dicho por buseros jayanes cuando llegan a el pueblo de El Congo y le avisan a sus pasajeros, en particular a mujeres diciéndoles: '<u>Las Con-ganas, ya pueden bajar</u>'.

CONQUÉ: Equivale a '¿<u>con que lo acompañará?</u>' o '<u>¿conqué lo lleva?</u>' Esta pregunta la hace generalmente la señora del comedor o de la tienda para saber 'con-qué' va a acompañar su comida. También 'con-qué' se refiere a cualquier recipiente o utensilio donde se llevará la soda, los chojoles ya cocinados o birria que acaba de comprar, etc.

CONTRAMINAR: Es la acción de <u>oprimir contra una pared</u> o cualquier superficie. Sinónimos: Apretar, subyugar, tener bien pisado o topado a alguien, etc. ➔ Cambio semántico: Es <u>tener relaciones sexuales</u>.

CORTALA: Equivale a 'ya <u>cállate</u>' o '<u>ya deja de hacer eso</u>', dicho a un bayunco en forma drástica cuando se pasa de abusivo.

CORTAR: Se refiere a <u>terminar, tronar</u> o <u>acabar</u> con una relación sentimental, religiosa, social, de negocios, etc. Ejemplo: *"El Brayan anda bien agüite porque la Bessy lo llamó para parlar y según él, ella estaba seria y que quizás quiere <u>cortar</u> el noviazgo con él"*.

COYOL: Es un <u>fruto comestible</u> en forma de bolita. Se usa también para hacer aceite y jabones. Del náhuatl *'Coyultl'* que significa cascabel. ➔ Cambio semántico: <u>Testículo</u>, huevo, pelotas, etc. ➔ Cambio semántico: <u>Coyol</u> es también un problema fuerte.

CRANEARLA: Es <u>pensarla muy bien</u>, es <u>reflexionar</u>, analizar, considerar, etc. Ejemplo: *"Brayan le dice bien enputado a Kevin. -No serote, ¡Hoy si voy a mandar a la mierda a la Bessy, la vi charlando con un culero allá por el edificio 75! A lo que Kevin responde. -Calmate loco, <u>craneala</u> bien, ¿Qué tal si es un familiar?"*

CREÍDA: Es una persona engreída, presumida, orgullosa, vanidosa. Ejemplo: *"Brayan dice. -Yo la vi hablando con el vato ese y ella cuando me vio se hizo la creída"*.

CRIATURA: Se le llama asi a un infante. ➔ Cambio semántico: Ignorante o tonto. Se le dice a alguien que hace un error ya sea por ignorancia o falta de experiencia y por respeto no se le puede decir *'mirá si no sos un pendejo'*, entonces en ese lugar se dice *'está bien, no se preocupe creatura'*.

CRISTIANO: Según muchos ser cristiano equivale a ser aleluyo o evangelista. Esta suposición es muy común y es debido a la falta de información. Muchos no saben que la organización que originalmente predicó el cristianismo en el mundo por muchos siglos y en forma única fue la Iglesia Católica. Está congregación es la madre de todas las organizaciones cristianas modernas, y por ende, todos estos grupos y sus miembros, sin importar la denominación son cristianos.

CUADRADO: Es una persona insensata, prejuiciosa, inmadura, inflexible, muy rígida en sus convicciones. Ejemplo: *"Kevin le dice a los muchachos. - ¿Se acuerdan del Chepe Charamusca? Bayron responde. -El viejo chichipate y jayán ¿que siempre te andaba rogando por un trago? Kevin dice. -Ya se hizo aleluyo, ahí me vino a decir que yo era mundano, falso y carnal. Brayan dice. - ¿En serio loco? Que cuadrado ese ruco"*.

CUARTA: Es una unidad de longitud. Es la distancia que va desde el dedo meñique al dedo pulgar en la mano extendida. Ejemplo: *"Kevin le dice A Brayan. -Ay-anda el Yéffry diciendo que te va a verguiar porque le bajaste a la Bessy. Brayan responde enojado. -¿Así de chiche? ¿Como qué si yo tuviera las manos amarradas? ¡Qué me pele tres cuartas de pija el cabrón! Una sola tastasiada le voy a dar"*.

CUCA: Apócope de cucaracha. ➔ Cambio semántico: Hacerle cuca a alguien es provocar, retar una persona a pelear. ➔ Cambio de semántica: es un carro pequeño tipo vocho o Volkswagen. ➔ Cambio de semántica: Vagina. ➔ Cambio de semántica: Es un pequeño monedero.

CUCAR: Equivale a <u>provocar</u>, <u>incitar</u>, retar, con la intención de pelear. Ejemplo: *"Dice Brayan muy enojado. -A ese serote de Yéffry lo voy a taleguiar para que deje de andarme <u>cuqueando</u>"*.

CUCHARA: Es un <u>utensilio que se usa para comer</u> y cocinar, etc. ➔ Cambio semántico: <u>Vagina</u>.

CUCHE: Dicho de una <u>persona de poco aseo personal</u> o que demuestra malos modales en la mesa. ➔ Cambio semántico: Es <u>estar estancado</u>, es algo que es inaccesible, congestionado, obstaculizado.

CUCHUMBO: Es un <u>recipiente o receptáculo</u> para guardar cualquier cosa. ➔ Cambio semántico: Es un <u>hombre homosexual</u>. ➔ Cambio semántico: Es <u>el cuerpo sexy de una mujer</u>. Ejemplo: *"Kevin para animar a Brayan le dice. -Mirá Brayan, de todos modos, si Yéffry te monta verga, es porque le bajaste a la Bessy, y eso vale la pena loco, mirá que ella tiene un buen <u>cuchumbo</u>. A lo que Brayan responde molesto. -Gracias por la fe que me tenés gran serote"*.

CUCUCHO: Es la acción de <u>llevar en la espalda a alguien</u>. Del náhuatl *'Kucuchtl'*, que significa espalda.

CUCURUCHO: Es una <u>persona jorobada</u>. Se dice de una persona con cierta deformidad en la espalda. ➔ Cambio de semántica: <u>Recipiente en forma de cono,</u> se usa en helados, para llevar mercancías y otros.

CUENTIAR: Se refiere a la acción de <u>enamorar a una mujer.</u> Es decirle piropos, hablarle muy bonito con el fin de establecer una relación. El cuantiar es también una práctica usada por personas de ambos sexos, incluyendo pipianes, perdón, quisimos decir personas gay y lesbianas.

CUERITO: Se dice de una <u>mujer de talla sexy y muy elegante</u>.

CUERUDO: Es <u>una persona muy terca.</u> Sinónimos: testarudo, necio, etc. Ejemplo: *"Kevin reflexionando le dice a Brayan: ¿Vos crees que el Yéffry si te puede montar pija? A lo que Brayan irritado responde. - Me extraña que siendo araña andés en elevador serote, claro que no, a ese culero <u>cuerudo</u> y a ustedes juntos también, a los tres yo sólo les doy verga. Byron dice. -Calmate loco, ¿y a nosotros por qué?"*

CUETES: Son los fuegos artificiales. ➔ Cambio de semántica: Cuete es también una pistola, un revólver, un arma de fuego.

CUETE SOPLADO: Para referirse a una decepción. Es la expectación en algo que debería ser grande, pero termina siendo una desilusión.

CUESTA UN HUEVO: Se refiere a algo que cuesta mucho o que es de mucho valor. Ejemplo: *"Don Chepe llega al taller de Kevin y le dice. -Kevin, ¿Cuánto cuesta reparar la transmisión automática de un Dodge Stratus 2015? Kevin le responde. -Para ese carro unos mil dólares. Don Chepe adolorido agrega. -Puta, eso me va a costar un huevo"*.

CUEVIAR: Se dice a la acción de tocar o manosear a tu novia o mujer cuando la estás amasando. Ejemplo: *"Brayan le dice a Kevin muy agüitado. -Ayer cuando estaba amasando con la Bessy, pensé, hoy que la tengo bien arrinconada voy a cueviar a la Bessy, y le agarré una chiche, y no me suelta un solo talegazo pues, puta todavía me arde el cachete. Kevin y Bayron se ríen"*.

CUILIO: Es un oficial de la ley o policía. Es la persona encargada de mantener el orden, ya sea por las buenas, esto es consejos a portarse bien, o por las malas, desde esquelas, a vergazo limpio o prisión.

CULANTRO: Se refiere al condimento perejil, hierva comestible.➔ Cambio semántico: Es un bar de personas gay. La palabra se compone de *culero* que significa homosexual, y *antro* que significa lugar, cueva o establecimiento. ➔ Cambio semántico: Culantro es sinónimo de culo, ano, zereguete.

CULECA: Se dice de una persona cobarde, sin coraje, sin iniciativa, inútil, enfermiza, etc. ➔ Cambio semántico: Persona muy sensible, que se queja o llora mucho.

CULERO: Se dice de un hombre homosexual. Sinónimos: Marica, pipián, hueco, mariposa, maricón, etc. ➔ Cambio semántico: Una persona mal intencionada o que hace o dice cosas malignas.

CULEY: Derivado de culero y este equivale a hombre homosexual. ➔ Cambio semántico: Cobarde.

CULIAR: Se dice del <u>acto sexual</u>. Tener relaciones sexuales. Sinónimos: Pisar, clavar, medir el aceite, echar un chilguetazo, etc.

CULICHE: Equivale a <u>lombriz</u>. ➔ Cambio semántico: <u>Hombre homosexual</u>. ➔ Cambio semántico: <u>Cobarde</u>

CULIYO: Es <u>estar afligido</u>. Sinónimos: <u>Estar preocupado</u>, inquieto, ansioso, tenso, etc. Ejemplo: *"Kevin le dice a Brayan. -Como sea Brayan, no te pongás <u>culiyo</u> porque Yéffry te va a verguiar, tarde o temprano, alguien lo va a hacer"*.

CULO DE ZOMPOPO: Es una <u>persona con las nalgas muy grandes</u>. Sinónimos: Nalgona, culona, culo de yegua, etc. NOTA: Zompopo es una hormiga con el culo bien grande.

CULO PACHO: Esta es una <u>persona con las nalgas bajas o pequeñas</u>. Sinónimos: Culo flaco, desnalgado, culo de sapo, etc.

CULO: Del latín *"culus.'* Según el Diccionario de la Real Lengua Española, <u>es el conjunto de las dos nalgas más el sereguete</u>. Ejemplo: *"Kevin le pregunta a Brayan. - Brayan, ¿Cómo está la reserva de aceite de motor? Brayan responde. -Ya casi no hay, está en el mero <u>culo del barril</u>"*.

CUMBO: Es <u>diminutivo de cuchumbo</u>, y este <u>es un recipiente</u> que puede contener comida, agua, café, azúcar, etc. ➔ Cambio de semántica: <u>Amante</u>. Tener un cumbo es <u>tener una amante</u>. ➔ Cambio de semántica: Es un <u>homosexual</u>. ➔ Cambio de semántica: <u>Mujer promiscua</u>, es la mujer que tiene sexo con <u>muchos hombres</u>.

CUNDIDO: Equivale a <u>algo que está repleto o lleno</u>. Ejemplo: *"Le dice Brayan a Kevin. -Ayer que iba de regreso para la casa me iba hartando una peperecha y se me cayó en el suelo, y pensé, puta, ya se enchucó mi peperecha, pero dije, vale verga loco, y no vas a creer que cuando la quise recoger ya estaba <u>cundida</u> de hormigas"*.

CURCUCHO: Es una <u>persona jorobada</u>. Del náhuatl *'Tcuchtl'*. Que significa espalda o lomo.

CURSO: Dicho de una <u>clase de estudio</u>, el camino de algo (<u>el curso del tiempo</u>). ➜ Cambio semántico: <u>Diarrea</u>, es un desorden fisiológico del aparato digestivo de repercusiones comprometedoras, generalmente producto del consumo de comida arruinada (dañada) o por andar de chancho ajolotado y no lavarse las manos antes <u>de la hartazón</u>.

CURTIDO: Es un tipo de <u>repollo ligeramente fermentado</u>. ➜ Cambio semántico: <u>Tener aburrido o cansado a alguien</u> con la misma pendejada. Ejemplo: *"Le dice Kevin a Brayan. -Yéffry y vos ya <u>me tienen curtido</u> que se van a dar verga y nunca lo hacen"*.

CUSCATLÁN: Es el <u>nombre original o precolombino de El Salvador</u>. Proviene del náhuatl *'Kuskatl'* que significa collar, piedra preciosa o tesoro, y de *'Tlan'* que quiere decir lugar. *Kuskatl-Tlan* ya españolizado es Cuzcatlán y significa etimológicamente *'El lugar de cosas preciosas.'*

CUSHUSHA: Es una <u>bebida embriagante</u> de origen Maya-Pipil. Es preparada con frutas fermentadas, muy similar a la Chicha.

CUTACHA: Es un machete o cuchillo largo, angosto y recto.

CUTO: Es <u>algo corto o de menor tamaño</u>. Del náhuatl *'Kútun'* que significa <u>pequeño</u> o corto. Dicho para referirse a cualquier cosa que es más corta de lo normal. Ejemplo: *"El carpintero me hizo una chambonada con la mesa, cuando la arregló le dejó <u>una pata cuta</u>"*.

DALE DE COMER AL CHUCHO: Quiere decir 'dejame en paz', o también: 'Andá buscar que hacer, no me quites el tiempo'.

DAMA: Es la mujer de un hombre sin haberse casado o en adulterio. la palabra 'dama' es usada como un insulto. Sinónimos: Concubina, querida, manceba, fulana, cortesana, etc.

DAMO: Es el marido de una mujer sin haberse casado o en adulterio. la palabra 'damo' es usada como un insulto. Sinónimos: querido, mancebo, fulano, cortesano, etc.

DANDOLE VUELO A LA HILACHA: Es una persona que disfruta de la vida, puede incluir desde vivir en fiestas y deschongues, hasta ir en viajes de turismo, comer de lo mejor, pasear, etc. ➔ Cambio de semántica: Es tener mucho sexo.

DAR EN LA NUCA: Es terminar con algo. Es darle fin a una situación o evento comprometedor, esto puede implicar darle un serotazo en la cabeza o en la nuca con un garrote a alguien, también puede implicar darle un cuetazo a un serote para terminar con el martirio de lidiar con esa persona. Ejemplo: *"Brayan dice. -Este serote de Yéffry, ya me tiene hostigado que dice que me va a dar verga, sólo te digo una cosa Kevin, si este culero sigue con eso, ¡le voy a dar en la nuca!"*

DAR RIATA: Esta frase indica castigar o golpear a una persona. ➔ Cambio semántico: en el caso de decir 'Echar Riata', entonces significa 'trabajar duro'.

DAR UNA GRAN AHUEVADA: Es <u>ofender espectacularmente a alguien</u>.

DARLE REMOLQUE: Es <u>tener relaciones sexuales</u> con una mujer, novia o amante, etc. Ejemplo: *"Kevin le dice a Brayan: ¿Qué afán que tiene el Yéffry de darte verga Brayan, ¿Pero, me imagino que <u>ya le diste remolque a la Bessy</u>? Brayan responde. -Ya casi... No sabés como le hablo laraca para que me preste el nance, pero es cueruda la Bessy"*.

DARSE EL LUJO: Equivale a <u>jactarse de hacer o decir lo que uno quiera</u> sin que nadie se pueda oponer ni pueda decir nada.

DARSE EN LOS DIENTES: es <u>decepcionarse dramáticamente</u>. Es afrentarse con algo inesperado y particularmente desagradable. Es <u>algo que provoca desengaño o contrariedad</u> en alguien. Sinónimos: Desilusionarse, desencantarse, desengañarse.

DARSE VERGA: Es <u>pelearse con alguien</u>, es alegar, competir, etc.

DE CALIDAD: Se refiere a <u>algo de extraña calidad</u>, aptitud o eficacia.

DE NALGAS: Es equivalente a 'de nada' dicho por personas jayanas cuando alguien les da las gracias y ellos que se creen los chistosos y en lugar de decir 'de nada', los serotes responden 'de nalgas'.

DE VACIL: Se dice cuando <u>se anda de paseo</u>. Ejemplo: *"Brayan dice: Pero yo creo que la Bessy tiene la culpa porque el Yéffry me quiera verguiar. Kevin pregunta. - ¿Por qué? Brayan agrega. -Porque ayer <u>fuimos de vacil</u> al parque y ella recibió una llamada del Yéffry y se pusieron a parlar bien de a verga y yo ahí de pendejo sólo viendo"*.

DEDO: Es un espía, <u>soplón, traidor</u>, etc. Sinónimos: Acusador, delator, denunciante y encima un hijo de la gran puta.

DEJADO: Una <u>persona tonta</u>, lenta, apendejada, bruta, lerda. Sinónimos: Negligente o atenida. Ejemplo: *"Byron le dice a Brayan. – Vos estás poniendo a la Bessy bien sedita para darle remolque y vos por <u>dejado</u>, el Yéffry le va a hacer el mandado"*.

DEJARSE: Equivale a la <u>separación de una pareja</u>. Ejemplo: *"Kevin le dice a Brayan. -Sí la Bessy le habla al Yéffry delante de vos y como vos decís, bien de a verga, entonces mejor <u>dejala</u>. Brayan responde. -A la gran puta, pero si ya la puse bien sedita para que me preste el cumbo, ¿Querés que se lo deje así de chiche al serote de Yéffry?"*

DÉMOLE: Equivale a '<u>vamos</u>', hagámoslo, dale, etc. Ejemplo: *"Kevin dice: - ¡Puta! Hay que terminar de arreglar ese carro ahora. Brayan responde. -<u>Démole pues</u>"*.

DENDIOY: Quiere decir '<u>desde ya hace mucho tiempo</u>', sinónimos: ya hace ratos, ya hace mucho tiempo. Ejemplo: *"Brayan dice. -Puta si hombe ese carro <u>dendioy</u> estuviera listo"*.

DENTRAR: Barbarismo de <u>entrar</u> y equivale a <u>entrar a un lugar,</u> es entrar a una casa, ingresar a un edificio, o grupo social, de deporte, político religioso, etc.

DEPORTISTA: Vocablo que denota a <u>la persona que ha sido deportada</u> de los Yunáis o de cualquier otra nación.

DERECHO: Equivale a <u>tener suerte</u>, es tener un buen trabajo, una buena familia, es estar bien alivianado. Sinónimos: <u>Tener leche</u>.

DERRETIR: Es <u>desear algo o a alguien</u>. Sinónimos: Anhelar, querer. Se dice cuando uno se 'derrite emocionalmente' por una persona o cosa.

DESATORNILLADO: Es una persona <u>mentalmente inestable.</u> Sinónimos: Chollado, desequilibrado, loco, etc.

DESBOCADA: Se refiere a una <u>persona magnamente chismosa</u>.

DESCHAVE: Es <u>un desorden de alta escala</u>. Sinónimos: Despelote, despije, desvergue, deschongue, etc.

DESCHAVETADO: Es <u>una persona mentalmente inestable</u>. Sinónimos: Confuso, incoherente, alocada. Ejemplo: *"Brayan dice. -No se Kevin, a veces creo que la Bessy está <u>deschavetada</u>, porque ¿Cómo es posible que frente a mi le hable como si nada al Yéffry?"*

DESCHONGUE: Es <u>una fiesta informal</u>, bullicio, relajo. También puede ser un desorden, despelote, despije, desvergue, deschongue, etc.

DESCOLGARSE: Significa <u>separarse o retirarse</u>. Sinónimos: Irse, partir. Ejemplo: *"Brayan le dice a Kevin. -Esta Bessy me tiene todo agüite, ¿No hay problema si me descuelgo ahorita loco para ir a charlar con ella? A lo que Kevin responde. -Ahorita no loco, calmate, todavía falta este carro, es poco, una hora nada más y te podés cortar. Brayan contesta. -Va-pues".*

DESCONCHINFLADO: Significa <u>destartalado</u>, despatarrado. del verbo desconchinflar. Sinónimos: Dañado, arruinado, hecho mierda, pijiado, seroteado, descompuesto, etc.

DESCOSIDA: Se dice <u>cuando alguien confiesa algo</u>. Ejemplo: *"Brayan dice a Kevin: Es que quiero parlar con Bessy, quiero que <u>se dé una descosida</u> conmigo y me diga bien claro a qué vato quiere, a mi o al serote de Yéffry".*

DESFLORONAR: Es aumentativo de <u>desflorar o desvirgar</u>. Cuando se pierde la virginidad, desfloronar es sobre todo en el caso de una mujer.

DESMADRE: Es un <u>desorden de alta intensidad</u>. Generalmente la policía es forzada a intervenir para que, repartiendo pijazos pueda amansar a los revoltosos y estos salgan barajustados y así estabilizar la situación o coyuntura. Sinónimos: Desorden, despije, desvergue.

DESPATARRE: Equivale a <u>desorden</u>, <u>escándalo</u>, <u>despije</u>, desvergue, etc. ➜ Cambio semántico Despatarrado equivale a descompuesto, dañado, arruinado, etc. Ejemplo: *"Se le despatarró el motor al carro".*

DESPAVILARSE: Es <u>estar muy asombrado de algo</u>. ➜ Cambio semántico: Es <u>ajolotarse</u>, actuar histéricamente o desmallarse frente a un evento o noticia. ➜ Cambio semántico: <u>Ponerse muy alerta</u>.

DESTRIPAR: Significa <u>sacar las tripas o piezas de algo</u>, Sinónimos: Desarmar, explotar, desfallecer. ➜ Cambio semántico: Es cuando una llanta pierde el aire, etc. Ejemplo: *"Kevin dice a Brayan. -Terminemos el carro, mirá que está todo destripado".*

DESUBICADO: Es una <u>persona que habla o hace incoherencias</u>. Este problema es típico de bolos, drogos o personas con problemas mentales, pero muy característico en gente apendejada.

DIÁY: Es un barbarismo de 'de ahí'. Ejemplo: *"Kevin dice a Brayan. - Movete pues, <u>levántate diáy</u>, no seas huevón"*.

DICEN PORAY: Es un barbarismo de 'dicen por ahí'.

DIOCUARDE: Es un barbarismo de '<u>Dios Guarde</u>', expresión que denota sorpresa, decepción, desilusión, desencanto. Ejemplo: "Una vecina le dice a otra: -Niña Rosa, ¿Ya vio que ahí anda de coqueta la Bessy con el Brayan y el Yéffry? Doña Rosa responde con tristeza. - <u>Diocuarde</u>, esta Bessy si anda culeca, ay-va a meter en pleito a los dos y van a terminar en chirona".

¿DIONDE?: Proviene de la frase '¿de dónde?' y equivale a *'¿De dónde va a sacar el pobre si no tiene nada?'* A veces se dice '¿y dionde?'

DIPUTA: Es barbarismo de '<u>diputado</u>' y posiblemente apocope de '<u>hijo de puta</u>'. La palabra fue usada años atrás para referirse en forma despectiva a los diputados de la Asamblea Legislativa de El Salvador.

DIOS: Se usa para <u>despedirse</u>. Es una aféresis de '<u>Adiós,</u>" y este del más arcaico '<u>A Dios te encomiendo</u>'.

DIUN SOLO SEROTAZO: Cuando se quiere decir '<u>de una sola vez</u>' y más específicamente '<u>de un solo golpe</u>'.

DIUN SOLO VERGAZO: Cuando se quiere decir '<u>de una sola vez</u>' y más específicamente '<u>de un solo golpe</u>'.

DIUN-SOLO: Cuando se quiere decir '<u>de una sola vez</u>'. Ejemplo: *"Kevin dice a Brayan: Primero, yo sé que sos rápido, mirá nomás, <u>que diun-solo te hartaste</u> seis pupusas y nos dejaste con hambre, segundo, hubicate y respetá serote, mirá que soy tu jefe. "*

DIVISAR: Significa <u>ver algo</u>, notar una cosa, entender una situación. Sinónimos: Mirar, observar, descubrir algo.

DOMAR: Esta palabra equivale a engañar, estafar, embaucar. Ejemplo: *"Brayan dice. -Me comí las pupusas rápido por si acaso llegaba el Yéffry y no me encontrara con la jeta llena"*.

¿DÓNDE ESTÁS HUEVIANDO? Es lo que te dicen tus amigos en broma cuando te ven con billete, cuando comprás casa o carro nuevo.

DUCHO: Esta palabra equivale a avispado, buzo, inteligente.

DUNDO: Esta palabra equivale a tonto, lento, pendejo. Ejemplo: *"Kevin le dice a Brayan. -Mirá, no te quiero decir dundo porque te vas a ofender, pero que sos pendejo, sos pendejo. Brayan reflexiona por un momento y luego dice. -Vos sabias Kevin que para los peruanos ¿Ser un pendejo significa ser vivaz y astuto? Kevin lo ve incrédulo y luego responde: ¿En serio? ¿Y vos cómo sabés eso? Brayan responde. -Lo vi en un programa de la Señorita Laura. Kevin agrega. -En ese caso me pregunto dos cosas, primero, ¿Mirá cómo perdés tiempo viendo pendejadas? Y segundo, ¿Qué significará ser en Perú hijo de la gran puta?*

ECHAR EL SOPE: Es <u>vomitar</u>. Es cuando alguien come algo arruinado o toma un chingo de guaro y luego les agarra de <u>echar el zope</u>. Sinónimos: Arrojar, echar el zopilote, echar el buitre, etc.

ECHAR VERGA: Es la <u>acción de trabajar</u>, es laborar para ganarse la comida con el sudor de su frente. Ejemplo: *"Brayan dice. - ¡Nombre! Este Yéffry culero es un nini, es un huevón completo, no le gusta ni estudiar ni <u>hechar verga</u> para ganarse la comida, ahí siempre está culo-arriba esperando que la familia en los yunáis le manden pisto".*

ECHARSE UN PAR DE VERGAZOS: Es <u>tomar unos tragos</u> de licor. También es común decir 'echarse un par de talegazos o pijazos'.

ECHARSE UN TAPÍZ: Es <u>tomarse unos tragos</u>. Es ponerse a pija. También equivale a: 'echarse un par de talegazos,' etc.

ECHARSE UNA ARAÑA: Es <u>orinar</u>, es echarse una miada de caballo.

ECHARSE: Dicho cuando <u>uno se va a dormir,</u> acostarse, descansar. ➔ Cambio semántico: 'Le gusta sólo <u>vivir echado</u>' Dicen las mujeres chambrosa de una persona muy huevona o haragana.

EJOTES; Es la vaina del frijol tierno. ➔ Cambio semántico: La gente del campo le dice 'ejotes' a <u>los dedos del pie</u>.

EL BAJÓN: Dicho a la acción de comer una gran cantidad de comida. Sinónimos: Hartazón, la tragazón, el aliviane, etc. ➜ Cambio de semántica: Estar en goma, y es el malestar que tienen todos los bolos después de ponerse una gran verga, este bajón incluye temblazón, dolor de chontoca, sensibilidad al ruido y malestar en general.

EL BURRO ADELANTE: Se usa para criticar la mala educación de quien se coloca a sí mismo primero en una frase o conversación. Ejemplo: *"Brayan dice: Ayer yo y Bessy fuimos al cine. Kevin interrumpe y dice: ¡El burro adelante! Brayan confundido dice. - ¿Qué putas decís? Entonces Bayron agrega. -Qué tengás educación serote, se dice Bessy y yo fuimos al cine. Brayan se queda pensando sin entender"*.

ENBOLADO: Dicho de un ebrio o persona emborrachada.

EMBOLARSE: Equivale a emborracharse. El salvadoreño solamente se pone a verga por motivos legítimos. Ejemplo: Toma para celebrar que la Selecta ganó, empató o perdió un mascón. En otras palabras, los Guanacos se ponen a pija todo el tiempo y sin importar el motivo. Algunos expertos señalan que el fenómeno de 'estar a verga todo el tiempo' es porque todo Guanaco ya lo trae en el DNA.

EMBROCAR: significa poner algo boca abajo, un plato, vasija o cualquier cosa. ➜ Cambio de semántica: Es tener relaciones sexuales.

EMPACHADO: Se le llama a la indigestión, es una condición en la cual una persona come algo específico en gran cantidad hasta saciarse y de ahí en adelante, esta persona ya no puede ver ni en pintura eso que comió.

EMPILADO: Se dice a una persona obstinada, terca, necia en insistir en un tema, una actividad o en la vida de una persona. Ejemplo: *"Kevin le dice a Brayan. -Puta, ya cansás loco. Brayan responde: ¿Y qué querés serote, que me deje verguiar del Yéffry y deje que pise a la Bessy? Kevin agrega. -No culero, lo que quiero decir es que dejés de vivir tan empilado en pendejadas, porque hay que trabajar gran serote"*.

EMPINARSE: Significa <u>tomar licor</u>. Es beber un líquido (soda, agua, café) de un recipiente, sobre todo si es una chela o botella de guaro.

EMPURRADO: Significa <u>estar frustrado</u>. Estar molesto, mal-encarado, irritado. Sinónimos: Estar serio, enojado, molesto, Etc.

EMPUTARSE: Es tener un <u>enoje de alto calibre</u>. Enojarse al extremo de echarle una putiada de carretonero a alguien. Ejemplo: *"Brayan enojado le dice a Kevin. -Yo pensé que eras mi chero serote, pero ya veo lo cacaso que sos. ¡Ya me caíste mal! Kevin responde. -Puta loco, <u>me emputa</u> ver lo pendejo que sos, mirá, si ella quiere, la Bessy puede parar esto ya, pero si ella no le dice al Yéffry que se vaya a la mierda, es porque a ella vos le valés pija loco. ¡Avivá serote!"*

ENCULADO: Se refiere a <u>una persona enamorada</u>.

EN DOS PATADAS: Medida de tiempo que equivale a <u>'de inmediato'</u>. Es el promedio (en segundos) que indica la rapidez con la que se pueden hacer las cosas y generalmente significa 'inmediatamente'.

EN DOS VERGAZOS: Medida de tiempo que equivale a <u>'de inmediato'</u>. Esta frase es similar a 'en dos patadas' y puede usarse en forma alterna. Expertos señalan que varios estudios han indicado que la frase 'en dos vergazos' puede constituir la longitud en tiempo de unos dos segundos.

EN LA QUINTA MIERDA: Frase que <u>denota lejanía estrema</u>. Es una Medida que equivale una distancia incalculable.

EN LA QUINTA VERGA: Equivale a algún lugar muy lejísimo. Está frase es similar a 'en la quinta mierda'.

EN TRES PATADAS: Medida de tiempo que equivale a <u>'de inmediato'</u>. Esta frase es similar a 'en dos patadas' y puede usarse en forma alterna. Expertos señalan que la frase 'en tres patadas' puede ser equivalente a unos dos segundos.

EN TRES VERGAZOS: Medida de tiempo que equivale a 'de inmediato'. Esta frase es similar a *'en dos patadas'* y puede usarse en forma alterna. Expertos señalan que varios estudios han indicado que la frase 'en tres vergazos' puede ser equivalente a unos dos segundos.

ENANTES; Dicho de algo que sucedió anteriormente. Algo que pasó mucho antes de algo. Ejemplo: *"Kevin le dice a Brayan: Decime una cosa Brayan, ¿La Bessy no era novia enantes del Yéffry? A lo que Brayan responde bien enputado. -¡Puta no jodás loco!"*

ENBUCHACAR: Vocablo que significa comer, tragar, consumir, etc. ➜ Cambio semántico: Es robar, hueviar, tomar prestado y no devolver.

ENCABRONAR: Es estar enojado con mucha furia. Es emputarse en forma colosal por algo o por las pendejadas o irresponsabilidades que hace un serote.

ENCACHIMBADO: Es estar molesto muy furiosamente. Ejemplo: *"Brayan dice. -El Yéffry serote le tiene hambre a la Bessy y por eso me la quiere bajar, pero él bien sabe que yo soy el mero masucho de ella y eso lo pone encachimbado y por eso ay anda ofreciéndome verga".*

ENCANDILAR: Es estar obsesionado en algo. Es estar maravillado de algo o alguien. Ejemplo: *"Kevin le dice a Brayan: Vos y el serote del Yéffry, son un par de pendejos bien hechos, los dos encandilados se van a dar verga por Bessy y a lo mejor ella ahí anda con otro serote".*

ENCASQUETAR: Es estar subido en algo, encima de algo. Estar arriba. ➜ Cambio semántico: Es tener sexo. Ejemplo: *"Byron dice a Brayan. - Mientras vos y el Yéffry se dan verga por la Bessy. a ella otro vato se le va a encasquetar".*

ENCHACHADO: Es estar unido, junto o pegado. Del náhuatl *'Tshatl'*, que significa juntos, gemelos, siameses, Dicho de algo que está emparejado. ➜ Cambio semántico: Es estar esposado de las manos.

ENCHIBOLAR: Se le dice a la acción de confundir, Sinónimos: Enredar, complicar, embrollar. Ejemplo: *"Kevin le dice a Brayan. -Vamos a arreglar los frenos del carro que vos por estar enchibolado con la Bessy, los pusiste al revés culero"*.

ENCHUCAR: Significa ensuciar. Sinónimos Manchar, contaminar.

ENCHUCHAR: Es alguien que está esposado. Dicho de alguien que ha sido capturado y esposado por la policía. ➔ Cambio de semántica: Es también estorbar, obstaculizar, arrinconar.

ENCHUFE: Se le llama así al tomacorriente eléctrico. ➔ Cambio de semántica: También es la parte genital femenina.

ENCHUTAR: Se refiere a meter o insertar. Es un anglicismo de *'Shoot'* que significa disparar. Ejemplo: *"Dice Brayan: ¡No loco! Yo no enchuté los frenos en el carro, esos los puso Byron. Kevin le dice a Byron: Puta vos Byron, ¿qué te pasa? ¿Estás a pija o qué ondas loco?"*

ENCLENQUE: Para referirse a una persona flaca, tiesa o temblorosa, puede referirse también a un animal o cosa muy delgada. Sinónimos: Huesudo, esqueleto, raquítico, desnutrido.

ENCULADO: Dicho cuando una persona está 'enamorada'. Ejemplo: *"Kevin dice. -La neta Brayan es que ya me tenés curtido con tu lloriqueo y del encule que tenés con Bessy, te voy a decir algo, te das verga con el Yeffry diuna sola vez, o yo te voy a montar verga a vos"*.

ENCUMBRAR: Se le dice al hecho de 'elevar algo muy alto'. Es subir o levantar a gran altura. Por ejemplo, cuando se vuela una piscucha (cometa), se intenta encumbrarla muy alto. ➔ Cambio semántico: Es tener sexo. Sinónimos: Embrocar, chimar, pisar, medir el aceite, etc.

ENDAMADA: Es la mujer que está acompañada con su pareja y que viven juntos sin haberse casado. Vea endamar.

ENDAMADO: Es el hombre que está acompañado con su pareja y que viven juntos sin haberse casado. Vea endamar.

ENDAMAR: Se le dice al hecho de 'acompañarse'. También se le dice 'juntarse detrás del matocho', o formar pareja sin vínculos legales o matrimoniales. Ejemplo: *"Muy pensativo Brayan le dice a Kevin. -Me dan ganas de decirle a Bessy que nos endamemos. ¿Vos crees que quiera? Kevin responde. -Nada perdés si le preguntás, lo único que ella puede hacer es decirte que si o mandarte a la mierda. Brayan dice. -Puta, por eso me gusta hablar con vos serote, sos un filósofo".*

ENGANCHAR: Es el acto de 'engañar o comprometer a alguien'. Ejemplo: *"Brayan dice: Hoy mismo le digo a Bessy que se venga a mi casa, ¿Vos me apoyás verdad? Kevin dice. -Ahuevo. Con dudas Brayan pregunta. -En serio ¿no me vas a enganchar? Mirá que necesito esté jale. Kevin dice. -Me extraña, no soy tan culero como para eso".*

ENGATUSAR: Es convencer o incitar a alguien para hacer algo. Ejemplo: *A don Chepe lo engatusó la mujer a ir a la playa, y como es pate-chucho y un gran bolo, diuna vez se fueron, ya estando allá se puso una gran verga y amaneció en la playa culo arriba y chulón, ay- andaba todo triste porque no sabe si le trastearon las nachas".* Sinónimos: Insolentar, embobar, etc. ➜ Cambio semántico: Es la acción de convencer para luego defraudar a alguien.

ENHUEVARSE: Significa 'endeudarse'. Es comprar casa, carro o hacer un gasto que te va a dejar metido en un gran huevo económico. También se le dice así el meterse en una situación comprometida. Ejemplo: *"Kevin dice: Lo único que te voy a decir es esto, ¿Vos sabés que clase de enhuevamiento es endamarse? Brayan responde. -No, pero si no le hago huevos, el Yéffry culero se me va a adelantar".*

ENJARANAR: Se les dice jarana a las deudas, entonces 'endeudarse' es enjaranarse o enhuevarse. Es también prometer algo a alguien. Sinónimo: Deber, comprometerse, compromiso, obligación, etc.

ENPUTADO: Es una <u>persona enojada</u>, <u>muy furiosa</u>. Ejemplo: *"Byron le dice a Brayan. -Tenés que ponerte buzo caperuzo, ay-anda el Yéffry diciendo que no sólo te va a taleguiar, pero te va a bajar a la Bessy. Brayan responde: Ese serote me tiene bien <u>emputado</u>"*.

ENROLLAR: Se dice de una <u>persona que adula a otra</u>. La persona adulada puede ser el padre o la madre, un profesor, el jefe, un policía, el presidente etc., y se adula con la finalidad de recibir un buen trato, un aumento, una promoción, un favor, o para tener cuello o 'palanca', etc. Sinónimos: Agasajar, piropear, embelecar, exaltar, etc.

ENSARTADO: Es la persona <u>que le gusta andar metido en chambres</u>, es inmiscuirse en asuntos o conversaciones ajenas que no son de su incumbencia. Sinónimos: Meque, metido, entremetido, etc.

ENTULULAR: Equivale a <u>confundir a alguien</u> para que esta persona haga lo que uno quiera. Es palabrear a alguien mesclando la verdad con mentiras para confundirlos y sacar provecho de ellos. Sinónimos: Engatusar, engañar, confundir, enganchar, etc.

ES DE CALZONTES ABAJO: Es un pueblo muy lindo en el departamento de Santa Ana, El Salvador. ➔ Cambio semántico: Esta frase se dice en forma sarcástica y se refiere a una <u>mujer muy fácil o una prostituta</u>.

ES DE CALZONTES ARRIBA: Es un lindo pueblo de Santa Ana, El Salvador. ➔ Cambio semántico: Frase sarcástica y se refiere a una <u>mujer recatada</u>.

ES DE OSICALA: Es alguien que <u>tiene la boca grande</u>. Osicala es un pueblo muy lindo al oriente de Morazán, en El Salvador. Por otro lado, y por la similitud de sonido del nombre Osicala con hocico, se le dice 'es de Osicala' a una persona con la boca (hocico) grande.

ES LA NETA GÜEY; De la jerga mexicana y equivale en caliche a '<u>es verdad maje</u>', y en español regular 'es la verdad tonto'.

ESCAMOTEAR: Se le dice al arte de 'escaparse'. Ejemplo: "*La vecina toca la puerta del Henry y dice: Don Henry aquí lo busca el cobrador. Después de varios minutos sin respuesta, el cobrador indignado dice: No vecina, lo más seguro es que el Henry ya se escamoteó por la puerta de atrás*".

ESCAROLEAR: Es el hecho de 'registrar algo'. Sinónimos: Rebuscar, revisar, escudriñar, indagar, investigar, averiguar, examinar, explorar, tantear, etc. Ejemplo: "*Cada vez que voy al aeropuerto, los policías me escarolean todo, y ni siquiera voy a subirme en un avión*".

ESCUADRONEROS: Son llamados así los miembros de ARENA. Este partido político fue fundado por Roberto d'Aubuisson, acusado por muchas entidades por la institución del "Escuadrón de la Muerte" y señalado como responsable de muchos asesinatos durante la Guerra Civil de El Salvador de 1975-1992.

ESE CIPOTE ES TREMENDO: Equivale a decir 'niño mal educado'.

ESQUELA: Se le llama así a la multa que da la policía al infractor.

ESQUINEROS: Dicho de los partidos políticos fmln-Arena. Partidos que en las elecciones de 2021 se quedaron con un par de diputados después de tener la mayoría y ahora ocupan una esquina de la Asamblea Legislativa de El Salvador.

ESTÁ BIEN PECHE: Se refiere a una persona, animal o cosa muy delgada.

ESTÁ BIEN PERRO: Equivale a decir 'está nuy complicado'.

ESTÁ CULO ARRIBA: Se dice de alguien que está dormido. Dicho de alguien que generalmente está borracho y fondiado.

ESTÁ HACIENDO NORTE: Equivale a 'está haciendo mucho viento', la brisa está fuerte.

ESTÁ JUGADO: Es algo que está sucio o contaminado. Es dicho cuando a uno se le cae algo comestible al piso y otro nos advierte dejarlo porque ya está jugado por el diablo, en otras palabras, que ya está sucio o contaminado. ➔ Cambio semántico: Demente. Es alguien que ha sido trastornado mentalmente por algo, generalmente por una entidad espectral como la Sihuanaba.

ESTÁ MÁS PARA ALLÁ QUE PARA ACÁ: Equivale a algo irremediable. Es dicho de alguien o una cosa muy vieja o en muy mal estado y que generalmente ya no se puede reparar. Sinónimo: Ya valió verga.

ESTA MIERDA NO ES SÓLO PARA USAR SOMBRERO: Es cuando alguien hace una pendejada, y otro le dice que su cabeza no sólo es para usar sombrero o gorra sino para pensar bien las cosas.

ESTÁ PALOMA: Equivale a algo muy complicado. Se dice de algo que es muy difícil de hacer, que es muy duro o agobiante.

ESTÁ PENE: Es dicho por alguien que se la pica de fino y sofisticado y en lugar de decir 'está paloma' dice 'está pene' a lo que sus cheros muy irritados dicen: "Qué bayunco amaneciste hoy culero".

ESTÁ PERRO: Se dice de alguien que está enojado. ➔ Cambio semántico: Se dice de algo que es difícil de hacer, de lograr o alcanzar. Sinónimos: Dificultoso, complicado, inhumano, etc.

ESTÁ YUCA: Dicho de algo que es muy difícil, complejo, complicado, duro. Sinónimos: Está jodido, está cabrón, está hijue-puta, etc.

ESTAR CURADO: Equivale a estar harto de algo. Es estar tan cansado de alguien o algo que se aborrece, rechaza o desprecia.

ESTAR SÓLO ENCARAMADO: Equivale a una persona que le gusta estar subido en algo que puede ser un carro, un árbol, moto, etc. ➔ Cambio semántico: Se refiere a una persona que le gusta el sexo en exceso.

ESTÁS MÁS CAGADO QUE UN PALO DE GALLINA: SE dice cuando una persona tiene <u>muchos problemas</u> o dificultades.

ESTE SEROTE ES LAMBISCA: Es una persona que adula a otro, sobre todo a aquel que es superior a él. Sinónimos: Sobaculos, lambisca, adulador, etc.

ESTOCADA: Se le dice a <u>cualquier tipo de mal olor</u>. Ejemplo: *"Kevin dice: Puta Brayan, qué <u>estocada</u> que tenés a guaro serote. Brayan responde. - ¿En serio? me voy a tomar un par de chelas para que se me quite. Kevin agrega. -Vos todo lo arreglás chupando"*.

FAJARSE: Equivale a <u>trabajar duro</u>. Es trabajar intensamente por un objetivo. ➔ Cambio semántico. Es también <u>pelear, agarrase a vergazos</u> con alguien.

FALOPEAR: Significa <u>fumarse un churro de mota</u>, o fumarse un puro alucinógeno. Sinónimos: <u>Chester de marihuana</u>, mota, un toque, etc.

FAROLAZO: significa <u>ser golpeado con algo</u>, es ser iluminado por las luces de un carro o flash de una cámara y quedar medio ciego y pendejo. Sinónimos: Talegazo, vergazo, pijazo, golpe, etc.

FEDERICO: Dicho de una persona <u>desprovista de belleza </u>o hermosura. Ejemplo: *Kevin sonríe y dice a Byron. -Escuchaste Byron que dice el Brayan que la Bessy lo quiere cortar por Federico. A lo que Brayan responde. -Puta loco, mirá si no sos chambroso, yo nunca he dicho eso. Kevin y Byron ríen'.* Sinónimos: Feo, Care-gato, feyo, el mal máscara, etc.

FERIA: De la jerga mexicana, significa <u>dinero</u>. Sinónimos: Pisto, papa, billete, chirilicas, etc. ➔ Cambio semántico: Feriar es <u>vender o comprar</u> algo. Ejemplo: *"Voy a feriar una bici para ya no usar el chuzón"*.

FICHA: Significa tener <u>antecedentes penales.</u> ➔ Cambio semántico: Se dice también de una persona que tiene <u>mala reputación</u>.

FIERRO: Es una <u>herramienta</u>. ➔ Cambio semántico: Pene, <u>órgano sexual masculino</u>. Sinónimos: Paloma, leño, ñeca, pipiriche, etc.

FILO: Se le dice a tener <u>hambre colosal</u>. Se refiere a tener los dientes tan filosos como para cortar carne. ➔ Cambio semántico: <u>Sacar filo</u> es la acción de <u>prepararse</u> para un examen, oficio, técnica, trabajo. Etc.

FINUCHIS: es una <u>tortilla de maíz rellena de queso</u> por dentro. Es una pupusa con queso y loroco solamente.

FISIQUEAR: Es salir a la calle a <u>enseñarle a la gente lo chulo que uno es,</u> también fisiquear es pretender algo, ya sea tu ropa, tu carro, a tu novia o mujer, etc. A veces se sale a fisiquear para ver que putas uno se consigue de pareja.

FOCA: Se le llama así al <u>asido seguidor del presidente Bukele</u>. Es el ciudadano que está 100% acuerdo con los cambios que ha hecho Bukele en su administración, sobre todo en la cuestión del crimen. No hace mucho, El Salvador fue calificado el país más violento del mundo. Ahora y gracias a las gestiones de Bukele, en unos pocos meses, él ha transformado a El Salvador en una de las naciones más seguras de América Latina.

FOJA: Para referirse a <u>hoja de papel</u>. Palabra arcaica española.

FON: Es de la nueva jerga que significa <u>teléfono celular</u>.

FONDIAR: DE alguien que <u>duerme profundamente</u>. Ejemplo: *"Kevin le dice a Brayan. -Ya no tomés Brayan, mirá que cuando te ponés a pija en cualquier lado terminás <u>fondiado</u>, y si te fondias en la calle, vos sabés el dicho, "Culo fondiado no tiene dueño".*

FOOD TRUCK: Del inglés. Es un <u>camión que vende comida</u> rápida.

FORRAR: Significa <u>comer hasta hartarse</u>. Sinónimos: Hartarse, tragar, fuliarse, etc. ➔ Cambio semántico: Es <u>vestirse</u> con ropa elegante.

FORRO: Se le llama a la <u>comida o al hartazón</u>. ➔ Cambio semántico: Se dice de una <u>mujer que tiene un cuerpo sexy</u>, escultural, bonito o elegante. ➔ Cambio semántico: Dinero, Estar <u>forrado de pisto</u> es tener muchas chirilicas, ser rico o adinerado.

FRENTUDOS: Se les llama así a los <u>miembros del presente fmln</u>, escrito con letras minúsculas. Este partido político, convertido ya en un movimiento decadente, basó su nombre en el marco del original FMLN (dignamente escrito con letras mayúsculas) y con una historia de lucha e ideales muy nobles. Lamentablemente, el nuevo fmln (con minúsculas) ya estando en el poder y por 10 años, no supo gobernar a El Salvador, y terminó siendo rechazado por la mayoría del pueblo.

FRESCO: Se le llama a cualquier <u>bebida o refresco con azúcar,</u> pero no a las sodas, las sodas son gaseosas. Ejemplo: Fresco de horchata, de ensalada, de chan, etc.

FUFURUFA: Es una persona que <u>se la pica de fina o delicada</u>. Es alguien que se cree importante por ser físicamente atractiva o porque tiene dinero, educación, una posición social o de trabajo, etc.

FULEAR: Es ponerle o <u>echarle gas al carro</u>. Es llenar hasta el tope el tanque de combustible de la nave o la guarola (carro) o cualquier otro tipo de vehículo. ➔ Cambio semántico: <u>Almorzar</u>. Es comer o tomar.

FURULO: Es una <u>persona Inteligente</u>. Es una persona que tiene ideas innovadoras o excelentes.

GACHO: De la jerga mexicana, significa <u>desagradable</u>. Sinónimos: Malo, inservible, feo, deprimido. ➜ Cambio semántico: Es una <u>persona mal intencionada</u>.

GALÁN: Es algo o alguien que es <u>elegante</u>. Sinónimos: Refinado, bueno, agradable, atractivo. ➜ Cambio semántico: Se le llama a <u>alguien que es gordito</u>, relleno o que está bien maiceado.

GALLO: Es la <u>compañía de un amigo</u>. Sinónimos: Camarada, colega, compinche. Ejemplo: *"Kevin le dice a Brayan: Andá a traer unas birrias. A lo que Brayan responde. -Vergón, pero <u>haceme gallo</u>.* ➜ Cambio semántico: <u>Valiente</u>, Es alguien que se cree muy macho.

GAÑÁN: De la jerga mexicana y significa <u>vividor</u>. Es dicho del individuo <u>aprovechado</u>, oportunista o sinvergüenza, etc.

PIÑA: Se le dice al <u>juego de niños donde se tira algo al aire</u>, ya sea dulces o juguetes y el cipote que lo agarra primero lo gana.

GARNACHA. Es un <u>carro muy anticuado</u> y generalmente en mal estado o destartalado. Ejemplo: *"Kevin dice. - Vamos a comprar los repuestos en mi carro. A lo que Brayan responde. -Nombe loco, vamos a llegar más rápido a la tienda a pura pata que en tu <u>garnacha</u>. Kevin molesto dice. -Mirá si no sos un serote ofensivo e incrédulo"*.

GARROBERO: Es una <u>persona originaria de San Miguel</u>. Se les llama a los migueleños 'garroberos' por la abundancia de garrobos en el oriente de El Salvador, especialmente en el departamento de San Miguel. También se la llama así a su equipo de futbol Águila.

GARROBO: Es un <u>reptil parecido a la iguana</u> de 1.6 metros de longitud, con cresta desde el cuello hasta la mitad de la cola, el garrobo es de color café oscuro y se encuentra desde México hasta Centro América. La carne de garrobo es un manjar, un plato popular en San Miguel, por eso ellos son llamados garroberos.

GASEOSA: Se le llama a <u>cualquier tipo de soda</u>. Es una bebida refrescante, efervescente y sin alcohol.

GATO: Se le llama así al <u>músculo bíceps</u> en el brazo. ➔ Cambio semántico: Es una <u>persona pretensiosa</u>, que cree que anda en todo, pero la gente ve en él lo contrario, ni es nadie ni anda en nada.

GAZUZO: Es una <u>persona que fastidia</u>, que jode incesantemente, que es un abusivo, voraz, impertinente.

GENTÍO: Para referirse a <u>una multitud de personas</u>.

GENTILLAL: Para referirse a <u>una muchedumbre colosal</u>.

GOLÍA: Es <u>la actitud</u> de una persona que se porta en forma <u>insolente y desafiante</u>, que tercamente exige, es inoportuno e indiscreto.

GOLONDRINOS: Son los seguidores de '<u>Nuevas Ideas</u>', llamados así porque el emblema del partido es una <u>golondrina</u>. Este partido es dirigido en el presente por el presidente Nayib Bukele.

GOMA: Es llamada en otros países como <u>resaca</u>. Es el malestar que tiene un bolo después de ponerse una gran verga (borrachera).

GORGOJO: Se les llama así a <u>los opositores de Bukele</u>, este movimiento está compuesto por areneros (ARENA) y frentudos (fmln), entre otros.

GRENCHO: Es la <u>persona de campo</u>, sobre todo la que parece que acaba de bajar del cerro. Sinónimo: Juluyo, indio, jincho, monterolo, "con tufo a monte". etc.

GUACHAR: Equivale a '<u>observar</u>', 'mirar', 'contemplar', etc. Muchas veces se escribe con la letra w o 'wachar'.

GUANACIA: Para referirse a <u>la nación de El Salvador</u>, la tierra de los Guanacos.

GUANACO: Es la persona <u>originaria de El Salvador</u>. El vocablo es derivado del nombre del árbol de <u>Guanacaste</u> (*Enterolobium cyclocarpum*). Se originó durante la conquista española en Mesoamérica, en el lugar llamado por los Maya-Pipitl '<u>Cuzcatlán</u>' (hoy El Salvador). Durante las batallas, los europeos observaron que después de cada combate, los guerreros Maya-Pipitl (Pipiles) se reagrupaban bajo <u>el árbol de Guanacaste</u> (llamado también Conacaste o Huanacaxtle). Los Pipiles lo hacían en busca de guía porque ellos creían que se podían comunicar con el dios Kukulkán (Quetzalcóatl) por medio del árbol de <u>Guanacaste</u>, según ellos, este árbol conectaba a los dioses del cielo y la Tierra. Los españoles al observar esto, llamaron a los cuzcatlecos 'guanacos'.

GUANGO: Se le llama a <u>algo que queda grande</u>. También se le dice a algo flojo, o demasiado extendido para su medida.

GUARACHE: Son <u>sandalias hechas de cuero</u>.

GUARACHA: Es un tipo de <u>pan dulce o repostería</u> de El Salvador.

GUARO: Nombre genérico a la <u>bebida alcohólica autóctona</u>. En el presente también se le llama a todo licor o bebida espirituosa; Sinónimos: Licor, aguardientes, el tapiz, el vergazo, chaparro, etc.

GUAROLA: Se le llama a un <u>carro grande anticuado</u> y generalmente en mal estado o destartalado. Sinónimos: Carro, nave, lancha, etc.

GUARÓN: Este es el <u>guaro más cacaso u ordinario</u> consumido por los bolos chichipates. Sinónimo: Lija, pija de burro, combustible de avión.

GUARUMO: Forma de referirse a <u>un bolo tirado en la acera.</u> ➔ Cambio semántico: Para referirse a un <u>fumador desenfrenado.</u>

GUARURA: De la jerga mexicana. Es para referirse a **un** <u>guarda espaldas</u> o el personal de seguridad en las tiendas, bancos, negocios, etc.

GUASA: Se le llama a <u>un desorden o bullicio.</u> Sinónimos: Desvergue, despije. Ejemplo: *"Mientras trabaja en un carro, Kevin mirá a Brayan prender el radio y le dice. -Brayan, no vayás a venir con esa <u>quasa</u> serota del reguetón, porque te voy a montar verga culero".*

GUASHPIRÁ: Se le llama así a <u>cualquier cuento.</u> Pueden ser anécdotas, chismes, chambres o simples mentiras.

GUAYABEAR: Se le llama a la acción de <u>memorizar algo.</u> Sinónimos: Pensar, aprender, reflexionar, ponerle queso a algo. El vocablo proviene de guayaba y por su analogía a una cabeza humana.

GÜECHOS: Expresión <u>que denota duda y desconfianza.</u> Se dice en lugar de decir 'huevos'. Se utiliza cotidianamente para expresar duda o incertidumbre. Ejemplo: *"Una muchacha dice: Él me dijo que fuera con él, pero yo dije <u>'güechos,'</u> ese vato se ve que es malacate".*

GÜEGÜECHO: Es alguien que tiene una <u>joroba o es jorobado.</u>

GÜEVIAR: Esta palabra se usa en lugar de <u>robar.</u> Sinónimos: Hurtar, robar, quitar, desvalijar, etc. (Ver huevear).

GUILINDUJES: Es cualquier cosa o <u>adorno colgante</u> en la ropa, en la casa, el carro, etc. ➔ Cambio semántico: <u>Testículos.</u>

GÜIMBA: Es una persona con una <u>panza muy grande.</u> También se usa en mujeres embarazadas. Ejemplo: *"Kevin le dice a Brayan. -Dice la gente que la mara que chupa mucho agarra <u>güimba</u>, imaginate vos en el futuro y con lo bolo que sos. Byron agrega. — Y si te casás con la Bessy, tarde o temprano la vas a preñar, van a terminar los dos con una güimba magistral. Kevin ríe y agrega. — Misión Imposible".*

GUINDA: Dicho de <u>correr o alejarse deprisa</u>, por cualquier motivo, y para evitar un daño, disgusto o molestia. Es evitar en forma dinámica cualquier situación que se ha vuelto paloma (muy dura), y es necesario <u>salir en guinda</u> para que no nos moje la lluvia o que no nos peguen en la nuca. Sinónimos: Huir, correr, alejarse. Patitas para qué te quiero, etc.

GUINDAR: Es la acción de <u>colgar algo</u>. Ejemplo: *"Kevin le dice a Byron. -No dejés la comida en la mesa, mejor ponela en el refri o guindala en el techo porque si no el chucho serote se la va a comer"*.

GÜISHTE: Del náhuatl *'huits-tetl'*, significa <u>piedra que corta</u>. Es en el presente usado para referirse al <u>vidrio quebrado</u> que puede cortar la piel. Compuesta por dos palabras de origen náhuatl (Maya), la primera es *'huits'* que significa punta, filo o espina, y *'Tetl'* que significa piedra, es decir, piedra filosa. También se escribe como hüiste o hüishte. ➔ Cambio semántico: <u>Persona delicada o frágil</u>. Ejemplo: *"Brayan le dice muy triste a Kevin y Byron. -Ya le dije a la Bessy varias veces que se venga a vivir conmigo, pero cada vez que le pregunto ella se chivea. Byron pregunta. - ¿Y qué te dice? Brayan agrega. -Nada, cuando insisto se pone muy sensible, parece <u>un güiste</u>"*.

HABLAR MIERDAS: Es el hecho de <u>hablar de cualquier cosa</u> para pasar el tiempo, ya sea de política, deportes, cosas sociales, religiosas, etc. Ejemplo: *"Kevin dice. -Vamos a trabajar Brayan, ya perdimos mucho tiempo <u>hablando mierdas</u>. Brayan dice. -Démole pues"*.

HABLAR PAJA: Es hablar cosas <u>sin importancia</u>. Sinónimo: Hablar mierdas. ➔ Cambio semántico: <u>Hablar mentiras</u>. Sinónimos: Engañar, calumniar, etc.

HACEME UN CACHETE: Equivale a '<u>hazme un favor</u>'.

HACEME EL PARO: Equivale a '<u>hazme un favor</u>'. Es también <u>ayúdame</u>, <u>apóyame</u>, acompáñame,

HACER BARRA: Significa <u>hazme compañía</u>. Ejemplo: Brayan dice a *Kevin. -Voy a ir en la tarde a parlar con la Bessy, ¿Me hacés barra? Kevin responde. -Simón, no más espero que ella te pegue tu vergazo"*.

HACER LAS CACHAS: Quiere decir <u>haciendo la lucha</u>, o hacer el esfuerzo a pesar de cualquier circunstancia adversa.

HACER MIERDA: Es literalmente <u>hacerle daño a alguien o algo</u>, es destruir, es ofender, denigrar, humillar, calumniar, etc.

HACERLE HUEVO: Es <u>afrentar algo con coraje</u>. Es hacer un esfuerzo magno para afrentar con valor cualquier situación dificultosa.

HACERSE DEL OJO PACHO: Se refiere a <u>ignorar algo deliberadamente</u>, ya sea bueno o malo pero <u>que no debería hacerse</u>.

HACERSE EL MAJE: Actitud de <u>ignorar algo</u>, hacerse el desentendido, o asumir demencia a la hora de enfrentar las responsabilidades de la vida. Ejemplo: *"Kevin dice a Brayan. -Antes de ir a ver a la Bessy, primero hay que pasar a comer, y no te <u>vayás a hacer el maje</u>, a vos te toca pagar ahora por la hartazón"*.

HACHAZO: Es una calumnia o <u>chisme contra uno</u>. Regularmente a un chambre contra uno se le llama 'mordida de culo', en el caso de ser más grave, es un hachazo. ➔ Cambio semántico: <u>Vagina</u>.

HAIGA: Equivale a <u>haya</u>, del vergo <u>haber</u>. Ejemplo: *"Kevin pregunta. -Hey Brayan, ¿No sabés si en esta tienda <u>haiga</u> yuca con chimbolo seco?"*

HARTAZÓN: Para referirse a <u>los santos alimentos</u>. Sinónimos: Comida, tragazón, el faje, el rebane, etc.

HASTA QUE LE RONQUE EL CULO: Significa '<u>hasta cuando se le pega la gana</u>'. Ejemplo: *"Brayan le dice a su jefe Kevin. -Hay que arreglar la nave de la ruca, mirá que ya se estaba poniendo agresiva, ay-dijo que vos sólo hacés las cosas <u>hasta que te ronca el culo</u>. Kevin responde. -Yo ya estoy muy viejo para vivir ajolotado. Brayan agrega. -Puta. pero si sólo tenés 28 años serote. Kevin agrega. -Pero bien vividos culero"*.

HAY TE VAS-ESTAR: Equivale a '<u>no pierdas tu tiempo</u>' en algo que no vale la pena y lo más seguro es que así será. Ejemplo: *"Byron dice. –Hoy juega la Selecta y vamos a ganar. Kevin responde muy triste. -Hay te vas a estar pajarito. Brayan agrega. -Es más chiche que la estatua de Colón se ponga a bailar una cumbia a que la Selecta gane"*.

HAY QUE VOLARLE VERGA: Equivale a '<u>debemos trabajar en ello</u>'. Se dice cuando algo necesita reparo y se debe trabajar para rectificarlo.

HERMANOS LEJANOS: Son <u>los connacionales salvadoreños</u> o <u>la diáspora</u>, que viven o están establecidos en el extranjero.

HERVIR: Se dice de algo que abunda mucho. Que hay mucho de algo. Ejemplo: *"Este barrio es un hervidero de tamales"*. ➜ Cambio semántico: Estar enojado. Es estar con la sangre que hierve de cólera.

HIJILLO: Del náhuatl *'Hitl'*, que significa olor corporal, olor a muerto.

HIJUELULE: Es una expresión de asombro, enojo o alegría. Aunque quiere decir y proviene de la ilustre frase original hijo de puta, hujuelule es dicho por una persona que está en circunstancias que lo obligan a observar respeto o es dicho por alguien que se hizo aleluyo.

HIJUEPUTA: De la frase original 'hijo de puta', Es una frase que manifiesta impresiones, verbaliza sentimientos o son simple actos peyorativos. En el caso de El Salvador, esta frase sirve para fines diversos y depende de las circunstancias y la necesidad de quien dispone del uso de la expresión, y estas circunstancias pueden diferir mucho, por ejemplo, un hijue-puta puede ser:
➜ Una Garantía de honorabilidad: por eso un salvadoreño dice: *'No hombre, yo no soy esa clase de hijueputa'*.
➜ Puede ser un insulto dicho por alguien con un enojo tan grande que incluye no sólo al ofendido sino también a sus pasadas generaciones, por ejemplo: *¡Vos no sos más que un hijue-sesenta y nueve mil ochocientas sesenta y cuatro mil putas!*
➜ Hijueputa puede denotar varios sentimientos, como el desencanto, como cuando alguien dice: *'hijueputa simasito me saco la lotería'*. Puede ser un susto, *'hijueputa, simasito le doy al otro carro'*, también puede denotar molestia: *'dejá de estar jodiendo hijueputa,'* y también la alegría: *'¡Que golazo más hijueputa de lindo!'*
➜ Puede ser una frase de admiración, por eso los salvadoreños decimos: *'ese Messi es clase de hijueputa'*.
➜ Puede denotar jerarquía, por ejemplo: *'un amigo le pregunta a otro, - ¿Puta hijueputa, y con quien arreglaste el problema en tu trabajo? El otro responde. -Yo hablé con el mero hijueputón'*.
➜ Puede ser una frase de cariño, *'Una madre le dice a su hijo recién nacido: -Es que es lindo mi hijueputilla'*.
➜ Puede ser una frase de saludo, ejemplo: *'un amigo al ver a otro dice: ¿Cómo estás hijueputa qué te habías hecho?, el otro amigo*

responde: -Yo bien hijueputa, aquí trabajando como siempre'.
➔ Puede usarse en lugar de 'nosotros', por ejemplo: 'Dice *Kevin molesto. - ¡Los tres hijueputas que íbamos para el puerto en el hijueputa bocho de Brayan y no nos para un hijueputa cuilio pues!'* Hijueputa puede ser una palabra de uso tan común que muchas veces no tiene significancia alguna. Por ejemplo, en el siguiente diálogo, entre dos salvadoreños que se encuentran en una cafetería en el momento en que entra una muchacha, ilustra mejor como es que las diferencias en el tono, el ritmo y el volumen, cambian diametralmente la acepción de la palabra:

> *'—¡Mirá hijueputa, ¡qué buena esa puta que va entrando!, a lo que el amigo responde. - ¡No jodás hijueputa, esa puta no es puta! A lo que el otro confundido dice. —¡A la gran puta! Y si no es puta con esa care-puta que tiene, entonces ¿Qué putas es pues hijueputa!'*

➔ Etc., etc., etc., etc., etc., etc., etc., etc., etc., etc., etc.

HINCHAR LOS GÜECHOS: Se refiere a afrontar algo con coraje. Es hacer un esfuerzo magno para afrentar con valor cualquier situación dificultosa.

HOCICÓN: Es una persona que es chambrosa, es alguien que es chismoso, que no tiene discreción o es incauto para hablar. Ejemplo: *"Kevin dice. -Pero mirá Brayan, si te vas a endamar con la Bessy, no andés de hocicón haciendo la regazón (contando el chisme"*.

HONDILLA: Se le llama así a la resortera. Es una pieza de rama de árbol en forma de 'Y' el cual la parte de abajo se usa como mango y a los extremos de arriba se unen tiras de goma o *hule de calzón*, con una chereta de cuero, luego al cargarla con una piedra o semilla de higuero, se la disparás a un tenguereche o a un serote que te cae mal.

HOSTIGUE: Es el fenómeno que denota un aburrimiento o fastidio descomunal.

HUACAL: Del Náhuatl '*Huacalli*". Es un <u>recipiente o vasija</u> hecha originalmente con el fruto del guacal o morro. Huacal puede ser escrito con 'g' o 'guacal', ambas formas escritas (huacal o guacal) son aceptables. ➔ Cambio semántico: Es <u>un hombre homosexual</u>.

HUEVIAR: Es <u>robar</u>. Sinónimos: Hurtar, bombiar, tamalear.

HUECO: Dicho de una <u>persona sin inteligencia</u> alguna. ➔ Cambio semántico: Es alguien engreído o presumido. ➔ Cambio semántico: De la jerga o caliche chapina, 'hueco' significa culero, <u>homosexual</u>.

HUESUDA: Dicho del <u>espectro de la muerte</u>. Es una calavera.

HUEVO: Es un <u>elemento biológico redondeado</u> producido por las hembras de diversas especies como aves, reptiles, anfibios, peces, etc., como forma de reproducción. ➔ Cambio semántico: <u>Testículo</u>. ➔ Cambio semántico: Es <u>una deuda o problema muy serio</u>.

HUEVÓN: Se refiere a <u>un haragán incuestionable y de linaje real</u>. Es alguien que reflexiona en gran manera como huir del trabajo. Sinónimos: Huevón, perezoso, ocioso, haragán, flojo, mula, muela, etc. ➔ Cambio semántico: Es <u>alguien lento o improductivo</u>, inactivo, flojo, desidioso, ineficaz, inmóvil, y además, un gran hijo de puta.

HUISHTE: Del náhuatl '*huits-tetl*', significa <u>piedra que corta</u>. Es usado para referirse al <u>vidrio quebrado</u> que puede cortar la piel. Compuesta por dos palabras de origen náhuatl (Maya), la primera es '*huits*' que significa punta, filo o espina, y '*Tetl*' que significa piedra, es decir, piedra filosa. También se escribe como hüiste o hüishte.

INDÍGENA: Denota <u>una actitud o apariencia muy autóctona</u>. Con respeto a las comunidades indígenas de Latinoamérica, para muchos la palabra indígena denota erróneamente características poco afables, similares a la ignorancia, terquedad o ser caprichoso. Ejemplo. "*En una fiesta Kevin dice. -Puta Brayan, te ves bien indio con ese tu bailadito que hacés, parece que estás haciendo la danza de la lluvia*".

IDIAY: Palabra que <u>denota sorpresa o asombro</u>. También podría significar ¿hablás en serio?, ¿Qué sucede?, ¡No de diga!, etc. También se escribe Ydiay. Ejemplo: *"Kevin mira que en la entrada del taller está Bessy y le dice. -Brayan ahí te buscan. Brayan mira a Bessy y le dice medio enojado. -Pensé que estabas con el Yéffry. Bessy dice seria. -Idiay, yo no tengo esposo a quien darle cuentas. Brayan más emputado agrega. - ¡Yo soy tu novio Bessy! Ella le dice. -Idiay ¿Y desde cuando soy de tu propiedad para que me prohíbás con quien hablar?"*

¿IDIONDE?: Equivale a <u>'y de donde si no hay'</u>.

ÍJOLE: Expresión que <u>denota sorpresa o asombro</u>. También decepción, disgusto, tristeza, angustia, etc. Es un vocablo dicho por un aleluyo, político, profesor, o cualquier persona que está en circunstancias que lo obligan a observar respeto al prójimo. Proviene de la ilustre frase original <u>hijo de puta</u>.

INBERBE: Es una <u>persona sin educación</u>, es alguien que es ignorante. → Cambio semántico: Que no tiene pelos o barba en la cara o tiene muy poco. Ejemplo: *"Kevin después del trabajo toma una cerveza y reflexionando dice. -No todo lo que suena parecido es lo mismo loco, por ejemplo, no es lo mismo decir en el rio Misisipi que me hice pipí en el rio. Brayan emocionado queriendo también ser reflexivo agrega. -Ahuevo loco, es como decir <u>si tu tía Tina la imberbe</u> tuviera el bigote más grande, fuera tu tío. Kevin dice decepcionado. -Puta, qué bayunco sos serote"*.

INDIADA: Se refiere a cuando una <u>persona dice o hace algo ridículo</u>. NOTA: El uso de esta palabra claramente demuestra discriminación a la comunidad autóctona de El Salvador y otras naciones de Latino América y por eso el uso del vocablo 'indio' como insulto debe evitarse.

INDIO: Para referirse a una <u>persona que es caprichosa</u>, que tiene mal carácter o que se enoja por cosas muy simples, que es poco sociable, etc. Ejemplo: '¡*Ve pues, <u>ya se te salió el indio</u>! ¡Ya se puso terca esta*!'

INGENIEBRIO: Dicho de una persona que es <u>un borracho chichipate</u> o zumbero profesional. Sinónimos Bolo, bolígrafo, boliche. Ejemplo: *"Kevin dice a Brayan y Byron. -Vamos a la cantina que está al otro lado de la universidad, hoy si nos vamos a poner bien a verga. Brayan agrega. -Para ir a esa cantina podemos entrar a la universidad y salir al otro lado, ¡eso nos haría ingeniebrios recién egresados! Byron dice. -¡Puta mirá qué Vergón! No había pensado en eso"*

INSOLENTAR: Se dice de una <u>persona que ínsita a otra</u> para hacer algo generalmente inapropiado, ilegal, deshonrado, innecesario, etc.

INVION: Es <u>tomar impulso</u>, tomar fuerza, tomar ánimos para hacer algo, subir una cuesta, etc. También se escribe a veces envión.

IRSE DE CULO: Dicho de <u>un susto fuerte e inesperado</u>. Es sorprenderse o asustarse por una noticia, decepción o situación muy fuerte.

IRSE DE CULUMBRÓN: Dicho de <u>un susto fuerte e inesperado</u>. Quiere decir '<u>irse de culo</u>'. Es algo que sorprende por una noticia o situación muy fuerte. ➜ Cambio semántico: También se dice de <u>una persona que se cae</u>. Ejemplo: *"El Brayan se puso bien a verga en la fiesta de Bessy, y cuando iba para su casa se fue de culumbrón en un hoyo"*.

ISPIAR: Es barbarismo de la palabra <u>espiar</u>. Sinónimos: Vigilar, observar cuidadosamente.

ITE: Del antiguo castellano 'idte' del verbo 'ir'. Este vocablo equivale en el español regular '<u>vete</u>'. Sinónimos: Andate, lárgate, fuera.

ITE DIACÁ: Del antiguo castellano 'idte de acá' que equivale al español regular '<u>vete de acá</u>'.

IYENDO: Sustituye la palabra <u>yendo</u>. Este vocablo es de frecuente uso en nuestro país, incluso, entre personas de nivel educativo.

JACHAS: Es referente a <u>los dientes o mandíbula</u>. Sinónimos: Jetudo, jachón, jachudo, trompudo, etc. Ejemplo: *"Hey Brayan, el carro está encaramado en la mica, tené cuidado cuando lo bajés, no te vayás a romper <u>las jachas</u>"*.

JALÁMELA: Equivale a 'no <u>me molestés o no te creo</u>'. Dicho por una persona incrédula <u>que no confía</u> ni acepta tu proposición. Esta palabra debería ser usada específicamente por hombres porque el vocablo implica 'jalar el pene', sin embargo, en muchos casos es usada también por mujeres.

JAINA: Se usa para referirse a <u>la novia</u>.

JALAR: de la jerga mexicana, <u>equivale a trabajar</u>.

JALAR EL AIRE: Se le llama así al <u>reprender seriamente a alguien</u>. Es cuando un padre, el cónyuge, maestro, o jefe del trabajo amonesta, regaña, corrige, llamar la atención o sermonea gravemente.

JALÓN: Para referirse a <u>un aventón</u>. Es viajar solicitando transporte a cheros, ya sea gratuito o por unas chirilicas.

JALÚ: Es la forma de <u>despedirse</u> de la gente del oriente de El Salvador, en especial los de San Miguel, que pronuncian o intercambian letras en palabras con las letras F, S o J. Por ejemplo: Ellos dicen *'el fuego de fútbol'*. en lugar de decir *'el juego de futbol'*, también dicen jalú en lugar de salú (salud), etc.

JALVADOREÑO: Equivale a salvadoreño dicho por alguien del oriente de El Salvador. Los salvadoreños de la zona oriental del país comúnmente pronuncian o intercambian letras como la F o S y en su lugar la pronuncian con la letra J. Por ejemplo: el 'pajaporte' en lugar de pasaporte, 'va-puej' en lugar de 'vaya pues', etc.

JANICHE: Es la <u>persona que tiene labio leporino</u>. Sinónimos: Ñajo, janiche.

JARANA: Equivale a <u>meterse en una deuda</u>. Es una <u>deuda o responsabilidad</u>. Sinónimos: Es 'meterse en un huevo', es comprar a crédito, etc. ➔ Cambio semántico: <u>Hacer trampa</u>, defraudar. Ejemplo: *"Kevin decepcionado dice. -Puta al Brayan le <u>hicieron jarana</u> los de la cantina, le cobraron 25 vergas por la caja de chelas que vale sólo 20".* Sinónimo: Es hacer tranza, hacer trampa, estafa, engaño, etc.

JAYÁN: Dicho de una <u>persona lépera</u>, soez, ordinario, poco decente. Ejemplo: *"Kevin dice. -Ahora si culero, hoy si ya terminamos de arreglar este carro hijue-mil-putas. Brayan se le queda viendo extrañado por un momento y luego dice. -Puta ¿Y porque tenés que ser tan <u>jayán</u> para hablar gran serote?"*

JETEAR: Es referirse a una <u>persona distraída</u>. Es alguien que se queda bien apendejado viendo algo ido y con la <u>jeta abierta</u>.

JINCHO: Es una <u>persona de campo</u>, es alguien que se acaba de bajar del caballo o el cerro. Cambio semántico: <u>Alguien que actúa apenado</u>, inseguro, con poca confianza.

JIOTE: Del náhuatl *'Situ'*, significa <u>sarna</u>. También se refiriere a una persona de apariencia sucia. Ejemplo: *"Una esposa le dice a su marido, Idiay... ¡Y vos dónde dormiste cabrón que todo jiotoso venís!"*

JOCOTES: Es un fruto del árbol con el mismo nombre. ➔ Cambio semántico. A veces se la llama así a <u>los dedos del pie</u>. ➔ Cambio semántico. Se utiliza como sustituto de <u>difícil</u>. Ejemplo: Este volado está bastante <u>jocote</u>.

JO-DÓGUES: Anglicismo de 'Hot-Dogs'. se le llama también 'perros calientes'. En El Salvador, el jo-doy (plural jo-dógues) es un pan con una salchicha en medio y escabeche o curtido con mayonesa (sin vinagre). Sinónimos: Jo-doys, mata-niños, chucho-pisón (perro caliente), pija de chucho, etc.

JO-DOY: Anglicismo, Palabra original es 'Hot Dog' o perro-calientes, es una comida rápida de origen estadounidense. Sinónimo: Mata-niños.

JUEGA: Expresión que denota estar de acuerdo. Es aprobar o aceptar algo, Ejemplo: *"En el comedor, Kevin le dice a Brayan. -Brayan, ¿Querés una horchata? Brayan responde. -¡Juega!"*

JUELA: Vocablo abreviado de la expresión 'hijo de la gran puta'. Esta palabra 'juela' es dicha generalmente por una persona que denota educación o respeto a otros, Ejemplo: *"Brayan le dice a Kevin: Mirá loco, se me hace que el Danny se hizo aleluyo, porque después que era el más jayán de la colonia, ya dejó de chupar y ahora lo único que dice es juela. Kevin responde. -No creo, yo lo vi ayer ahí por la cancha, me saludó sonriendo y me dijo '¿Qué pedo loco?' mientras se rascaba los coyoles"*.

JUELMAIZ: expresión similar a 'juela'. Es corto de hijo de puta. Es dicho en situaciones cuando no se puede decir 'hijuelagranputa'.

JUGADO: Dicho de una persona bien apendejada. Sinónimos: Chollado, pelado, maniático, tarado, tonto, atolondrado. Ejemplo: *"Kevin se ríe y dice: A este Brayan lo tiene jugado la Bessy"*.

JUITE: Vocablo que significa ano. Sinónimos: Chiquistríquis, nalgas, trasero, cereguete, culo, chiquito, el ocho, el cachetón, etc.

JULUYO: Es una persona de campo. Alguien que acaba de bajar del cerro. ➔ Cambio semántico: Alguien que actúa apenado, inseguro, con poca confianza. Sinónimos: Grencho, jincho, monterolo, etc.

JURA: se refiere al Departamento de Policía, encargado de velar y proteger el orden público, la seguridad ciudadana y mantener a las hordas aplacadas, si es posible a vergazo limpio.

KACASO: Corrupción del vocablo <u>cacaso</u>. Dicho de una <u>persona</u> <u>perversa</u>, mal intencionado. También denota de cosas <u>de mala calidad</u> o no aceptables.

KASAKA: Corrupción del vocablo <u>casaca</u>. Significa <u>puras mentiras</u>.

KATRÍN: Corrupción de la palabra <u>catrín</u>. Dicho de <u>un hombre bien</u> <u>vestido</u>, engalanado, elegante.

KL: Iniciales de una famosa estación de radio en El Salvador.

KOISHCO: Corrupción del vocablo <u>coishco</u>. Es un <u>golpe suave</u> dado en la cabeza generalmente a un niño con los nudillos de la mano.

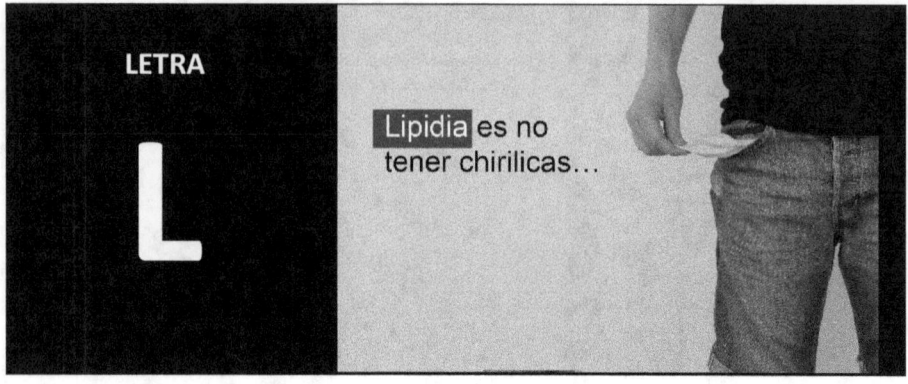

LETRA L

Lipidia es no tener chirilicas…

LABIA: Es tener <u>verbosidad convincente</u> y gracia en el hablar, es saber inducir al público, es tener la capacidad de hablar mucho y de forma persuasiva. Esta cualidad es perfecta para vendedores. Sinónimos: Elocuencia, oratoria, verborrea, facundia, etc.

LA CAGUÉ: Se dice <u>cuando uno falla en forma sobresaliente</u>.

LADRILLO: Es un componente en forma de paralelepípedo rectangular, que <u>sirve para construir muros</u>, inmuebles, etc. → Cambio semántico: <u>Ladrón</u>. Sinónimos: Tacuache, tamal, etc. → Cambio semántico: Se refiere a un bolo que aguanta chupar guaro macizo sin perder la coherencia, o sea, es resistente a ponerse a una verga descomunal sin ningún tipo de molestia el serote.

LAMBIDO: Dicho de una <u>persona que no tiene dinero</u>. Es estar acabado, sin lana, pisto, papa, sin recursos económicos. Ejemplo: *"Brayan le dice a Kevin. -Puta, estoy en lipidia, bien <u>lambido</u>, ¿Cuándo me vas a pagar la papa que me debés?"*

LAMBISCÓN: Es <u>una persona que adula a otro</u>, sobre todo si el adulado es superior a él. Sinónimos: Sobaculos, servil, adulador, etc.

LANA: Para referirse al <u>dinero</u>. pisto, papa, dolores, chirilicas, etc. Ejemplo: *"Kevin dice: - ¿Cómo me pedís <u>lana</u> a la mitad de semana si vos sabés que el día de pago es el viernes, serote?"*

LANCHA: Se refiere a <u>un carro en general.</u> Originalmente se usaba lancha para llamar a un carro grande y por lo regular americano. Sinónimos: Nave, guarola, garnacha, etc.

LARVA: Se dice de la <u>persona aprovechada</u>. Es también alguien que es vivaz, hábil y muy interesada. Ejemplo: *"Brayan dice. -Es que necesito unas chirilicas porque la Bessy quiere que la lleve al cine y comer pizza. A lo que Kevin responde. -Esa tu novia te salió una gran <u>larva</u>"*.

LÁSTIMA DAS: Es dicho cuando uno hace <u>algo deshonroso, incorrecto</u> o inapropiado y tus cheros te ven con ojos de censura y dicen 'puta loco, sos bien cacaso… Lástima das'.

LA MERA VERGA: Equivale a <u>una persona que es lo mejor</u>, el más inteligente, el jefe, el líder, el mero vergón y Cachimbón, el que es diaverga, etc. También se usa 'es la mera verga' para llamar a lo mejor de algo o una cosa. Ejemplo: *"Kevin le dice a Brayan y a Bayron. -Yo a ustedes los estimo como amigos, y sé que como mecánicos <u>son la mera verga,</u> pero no me jodan pidiendo la paga ahora, sino hasta el viernes"*.

LA REGUÉ: Se dice <u>cuando uno falla en forma grandiosa</u>.

LAS RUEDAS: Es una feria o parque con <u>juegos mecánicos</u>.

LE ARRIÓ UN VERGAZO: Significa <u>le dio un puñetazo fuerte</u>. En este contexto la frase está compuesta de dos vocablos, de <u>arriar</u> (dar, dirigir) y de <u>vergazo</u> que en este contexto significa un golpe.

LECHE: Es el producto lácteo. ➜ Cambio semántico: Es una <u>persona que tiene suerte</u>. Alguien que es feliz, próspero, afortunado, etc.

LE FALTA CINCO PARA EL PESO: Es alguien <u>mentalmente inestable</u>, o que tiene fallas en las facultades intelectuales. Sinónimos: Chollado, sobado, tostado, etc.

LELO: Se refiere a una <u>persona tonta o apendejada</u>. Es alguien que es bobo, idiota, tardo, torpe, tarado.

LENGÓN: Es <u>un hablador a nivel monumental e indiscreto.</u> Es similar a chambroso, zoquete, lengua-larga, chicloso, hocicón, bocón, y para variar, un gran serote.

LENTO: Se dice de una <u>persona pasmada</u>. Sinónimos: Bobo, lerdo, lelo, alelado, majadero, pendejo, tonto, etc.

LEÑA: Es jugar fútbol <u>dando vergazos</u> y patadas. Un serote leñero regularmente no respeta las reglas del futbol.

LEÑAZO: Se refiere a <u>un golpe fuerte</u>. ➔ Cambio semántico: Es un accidente de carro.

LEÑO: Se refiere a <u>una persona sin creatividad</u> o iniciativa o sencillamente haragán, huevón, inactivo. ➔ Cambio semántico: Pene, paloma, ñeca, tronco, pajarito, poste, verga, pipiriche, etc.

LÉPERO: Se refiere a una <u>persona muy vulgar</u>. Sinónimos: Ordinario, jayán, plebe, patán, soez, etc. Ejemplo: *"Brayan dice. -¿Vos crees que la mamá de la Bessy se moleste si le digo que ella y yo nos vamos a endamar? Kevin responde. -No sé, pero si te voy a decir esto, ella cree que vos sos el serote más <u>lépero</u> de la colonia Zacamil. Brayan le dice. -Ves porque me caés mal culero, sólo levantando calumnias vivís".*

LERSI: Equivale a una <u>persona que roba, o es ladrón.</u>

LEVANTE: Se refiere a tener por ahí una <u>mujer o amante</u>. Sinónimos: <u>Mujer fácil</u>. ➔ Cambio semántico: <u>Chisme o calumnia</u>. Ejemplo: *"Brayan dice. -A mí, la mamá de la Bessy me quiere, ¿Quién dice que ella <u>hizo el levante</u> que yo soy lépero? Kevin agrega. - ¿Quién crees que nos vino a avisar que vos andabas bien a pija corriendo desnudo por la colonia gritando que el mundo se iba a acabar? Brayan reflexiona y luego dice. -Es que me regalaron una revista atalaya y la leí sentado en el inodoro y al mismo tiempo estaba chupando birrias".*

LIPIDIA: Se le llama así a la <u>pobreza extrema.</u> Es la escasez generalizada de dinero, alimentos u oportunidades. Sinónimos: Miseria, pobreza, lambido, deschullado (sin chullas), etc.

LISO: Se le llama a la persona <u>sin educación,</u> que no se da cuenta o no reconoce como portarse correctamente en la sociedad.

LLAMARADA DE TUZA: Es <u>una persona que se excita</u> mucho por algo momentáneamente. Es aquella persona o niño que se emociona o apasiona por una cosa o juguete, pero lo hace por uno rato nada más y luego abandona esa cosa o idea. ➔ Cambio semántico: Es cualquier cosa que tiene una vida o popularidad muy fugaz.

LA TIENE ACORRALADA: Es una <u>persona contra la pared</u> o sin opciones. ➔ Cambio semántico: Es cuando amasas a la novia y <u>la tenés bien apretada</u> y sin que se pueda escamotear.

LE PARÓ EL CARRO: Equivale '<u>lo detuvo de una vez por todas</u>'.

LE TIENE HANBRE: Equivale a decir '<u>lo quiere mucho</u>', es cuando uno quiere algo con afán, con ambición, con mucho interés.

LLEGAR CON EL CHANBRE: Es la <u>persona que provee de chambre al público</u>. Es el tipo de persona que se jacta y le satisface a gran manera, el hecho de ser la primera persona que te contó primero cierto chambre. Sinónimos: Bocón, hocicón, chambroso, chismoso.

LO AGARRÉ DE LAS MECHAS: Equivale a '¡<u>Lo agarré del pelo</u>!'

LO ENCHIRONARON: Equivale a '¡<u>Lo metieron a la cárcel</u>!'

LO MANDÓ AL CHORIZO: Equivale a '¡<u>Le dijo vete, no te quiero ver más</u>!' Pero la equivalencia exacta sería: '¡<u>Andate a la mierda vos</u>!' Es dicho por alguien que está harto de las pendejadas de otro.

LO PUSE SEDA AL CABRON: Se dice de <u>alguien que pone tranquilo a otro</u>. Ejemplo: Kevin le dice a Brayan: Ahí te busca el Yéffry, vos decime si viene bravo, aquí entre los tres <u>lo ponemos seda al cabrón</u>. Brayan responde: No, perate, voy a ver que quiere.

LO SIENTO MUCHO CALAVERA DE CHUCHO: Es dicho por alguien a quien <u>no le importa mucho</u> los problemas o preocupaciones de otro, o que ve tus penalidades con un poco de comedia.

LO TIENEN BIEN SEMBRADO: Es Tener mucho trabajo. ➔ Cambio semántico: Es cuando alguien está detenido o está siendo reprendido, en juicio, encarcelado por alguna pendejada que hizo o dijo. Ejemplo: *"Don Chepe le dice a Kevin. -La Chave, la primer mujer que tuve, me tiene bien sembrado en la procuraduría. Kevin pregunta. - ¿Por qué? Don Chepe agrega. -Cuando estábamos juntos le metí cuatro cipotes y por eso me tiene topado por los gastos de los niños".*

LO TIENEN COMO CALZÓN DE PUTA: Dicho cuando se tiene a alguien de mozo o mensajero:

LO ZAMPARON AL BOTE: Dicho de la persona que está en la cárcel.

LOCATARIO: Es la persona o vendedor ambulante. ➔ Cambio semántico: Se usa locatario como sinónimo de persona incoherente o de poca cordura.

LOROCO: Se refiere a la flor comestible (*Fernaldia pandurata*), es una especie botánica cuya flor es comestible y aromática, originaria de América Central y parte de México. ➔ Cambio semántico: También se usa en lugar de loco. Ejemplo: *"Yéffry llega al taller medio belicoso y le habla a Brayan a que salga, él lo hace y irritado le pregunta a Yéffry. - ¿Qué querés? Yéffry dice. -Me dijeron por-ay que me ibas a dar verga, aquí estoy serote, dale. Kevin mira a Bayron que agarra un fierro largo al ver al Yéffry con Brayan que ya casi se dan verga, Kevin lo detiene y le dice. -Calmate loroco, esperemos hasta ver cuándo se estén arriando a vergazos".*

MÁ: Apócope de 'toma' y significa 'a mí no me engañás', 'no te creo'. La frase es generalmente acompañada por un gesto de mano en forma de puño y el dedo pulgar entre el dedo índice y el de en medio.

MÁ-VE: Apócope de 'tomá ve' y significa 'a mí no me engañás', 'a mí no me tomás el pelo. La frase es generalmente acompañada por un gesto de mano en forma de puño y el dedo pulgar entre el dedo índice y el de en medio. La frase 'má-ve' puede implicar también un 'no te creo'.

MACANUDO: Se refiere a algo bueno, bonito, vergón o valiente, etc.
➔ Cambio semántico: Es alguien con el pipiriche grande.

MACHETE: Equivale a la profesión de alguien, cualquier profesión. Es una analogía al trabajo de campo que es la forma de ellos de ganarse la vida. Ejemplo: *"Kevin le dice a Brayan. - Vos sabés que ser un buen mecánico es nuestro machete, nuestra forma de ganarnos la vida"*.

MACHETE ESTATE EN TU VAINA: Es dicho como una advertencia a evitar un conflicto para así no tener consecuencias muy peligrosas, en las que se podría sentir pesar por haberse involucrado o simplemente tener resultados contraproducentes.

MACHETÓN: Se refiere a una persona tosca o torpe, ya sea por la falta de experiencia o capacidad mental o por su propio capricho de ser un individuo irrespetuoso, indigno, ordinario, chambón, vulgar, soez, etc.

MACHORRA: Se refiere a una <u>mujer lesbiana</u>. También es una mujer con una actitud fuerte y muy determinante. Ejemplo: *"Kevin al ver al Brayan triste por el drama amoroso que sufre con Bessy, le dice. -Sabés que pasa loco, como vos te portás culey con ella, la Bessy se porta como machorra con vos, y eso te pasa por serote que sos".*

MACIZO: Se refiere al <u>jefe o dirigente</u>. Es el más cachimbón, el más vergón de todos, etc.

MADRUGAR: Dicho a la acción de <u>robar o aventajar</u>. Ejemplo: *"Kevin dice. -¿Dónde dejaste las herramientas? Brayan dice: Allá atrás del taller, Kevin responde. -No seas tan serote, ¿Cómo las dejás afuera?, ojalá no nos hayan <u>madrugado</u> estos tacuaches hijos de puta".*

MAICEADO: Se refiere a <u>alguien que ya comió</u>. Es la persona que está bien alimentada, que está bien gordita.

MAICIAR: Se refiere a <u>dar de comer o alimentar</u>. Proviene de la acción de <u>alimentar con maicillo</u> a las aves de corral.

MAISTRO: Es la persona del cual <u>su nombre se ignora</u>. Proviene del vocablo 'maestro'. Se usa también para llamar a alguien de edad y respetable. ➔ Cambio semántico: <u>Maitro</u> es la persona encargada de una obra, ya sea de construcción, de teatro, de música, etc.

MAJADA: Se refiere a <u>cualquier cantidad de personas</u>. Esta palabra proviene de 'maje' y por eso tiene una connotación despectiva. Sinónimos: Mara, cherada, broza, la raza, etc.

MAJE: Se refiere a <u>una persona tonta o idiota</u>. Sinónimos: Tarado, distraído, pendejo. ➔ Cambio semántico: También se usa para referirse a un amigo o amigos. Ejemplo: *"Kevin dice enojado. -Puta ¿Vos crees que esas herramientas son chafa para que las andés dejando por cualquier lado? Me cuestan un vergo de billete <u>maje</u>. Brayan le responde. -Puta calmate loco, no te enojés así mirá que te va a dar curso, además, yo les estaba poniendo el ojo desde aquí".*

MAJONCHO: Es <u>un tipo de banana</u>. ➔ Cambio semántico: <u>Maje o tonto</u>.

MANADA DE HIJUEPUTAS: Es un <u>grupo de personas dedicadas al mal hacer.</u> Está frase es similar al vocablo mexicano 'bola de cabrones'.

MALA ONDA: Para referirse a una <u>mala impresión</u> causada por una tristeza, pesadumbre, injusticia, aflicción, pesar, dolor, amargura, etc. Ejemplo: *"Brayan dice. -Si, yo sé que la Bessy a veces es mala onda"*.

MALACATE: Del náhuatl *'malacatl'* que significa <u>herramienta para hilar.</u> ➔ Cambio semántico: Se llama así a una <u>persona que roba,</u> que hace algo ilegal, que es malo o perverso, etc. Sinónimos: Tamal, malandrín, malandro, ladrillo, mañoso, etc.

MALANDRO: Es una <u>persona que roba,</u> que hace algo ilegal, que es malo o perverso, etc. Sinónimos: Tamal, malandrín, malacate, ladrillo, mañoso, etc.

MALCRIADO: persona con <u>mala educación.</u> También es la persona educada pero mal hablada, que dice malas palabras u obscenidades o que se porta irrespetuosamente con el prójimo.

MALETA: Es una <u>persona lenta,</u> <u>haragana,</u> sin iniciativa, <u>una carga.</u>

MALÍA: Dicho de una <u>persona mal intencionada.</u> Sinónimos: Malo, Malicioso, indigno, pérfido, ruin, vil, etc.

MALOSO: Se refiere a <u>un aparato de mala calidad.</u> Es algo que no funciona bien, que tiene muchos desperfectos. Ejemplo: *"Kevin le dice a Brayan. -Mañana tenemos que empezar a arreglar el carro de don Nacho el catracho, esa nave tiene un chingo de chanchullos, <u>es malosa</u>"*.

MANGONEAR: Se dice de la acción de <u>manipular a alguien</u> o algo.

MANIQUIUR: Equivale a <u>manicomio,</u> es un hospital de enfermedades mentales.

MANO: Se dice <u>en lugar de amigo o compañero.</u> Ejemplo: *"Un amigo se encuentra a otro en el Pollo Campero y le dice alegre: <u>Hola mano</u> y ¿Cómo estás? El otro responde: ¿Yo bien aquí volando verga y vos?"*

MANTELES LARGOS: Estar de manteles largos es <u>estar de cumpleaños</u>.

MANUDO: Para referirse a una <u>persona tomada</u> o bien a verga.

MANUELA: Para referirse a <u>una mujer muy fácil</u>. → Cambio semántico: <u>Masturbarse</u>. Sinónimo: Volarse la chaqueta.

MAÑOSO: Para referirse a <u>un ladrón</u>. Sinónimos: Tamal, tacuache, malacate, malandro, malandrín, ladrillo, etc.

MAQUILA: Para referirse a <u>una fábrica extranjera</u>. Son compañías de ensamble o manufactura realizado por encargo de una empresa extranjera.

MARA: Se refiere a <u>un grupo de personas.</u> Sinónimos: Mara, cherada, broza, la raza, majada, etc. ➔ Cambio semántico. También se le llama <u>una pandilla</u>.

MARACANDACAS: En algunos lugares se le llama así al <u>dinero</u>. ➔ Cambio semántico: También se le llama así a <u>los testículos</u>.

MARAÑON: Se dice de una <u>persona fácil de manipular</u>.

MARICA: Se le llama así al <u>hombre homosexual o afeminado</u>. Sinónimos: Culero, pipián, hueco, mariposa, maricón, etc. ➔ Cambio semántico: Se dice de una <u>persona miedosa</u>, cobarde, temerosa.

MARIMACHA: Se refiere a una <u>mujer varonil.</u> Este apelativo es usado muchas veces en una mujer fuerte, determinada o de mal carácter. ➔ Cambio semántico: Es una <u>Lesbiana</u>. Sinónimos: Lesbo, tortillera, marimacha, sáfica, etc.

MARIMBA: Es un <u>instrumento musical de origen africano</u>. Después de la llegada de los españoles al continente en 1492, fueron seguidos por ingleses y franceses, que trajeron a muchos esclavos de origen africano, ellos introdujeron la marimba primeramente en el Caribe y luego fue traída a Mesoamérica. Unos siglos después, la marimba fue adoptada por muchos como la música típica desde el sur México a la América Central, desplazando e eliminando a la música Azteca-Maya.

MARUFA: Se le llama a la acción d <u>hacer trampa</u>. Sinónimos: hacer transa, o engaño, estafa, fraude, falacia, defraudación, desfalco, etc.

MASACUATA: Del náhuatl '*Mazat-coatl*', es una <u>serpiente boa constrictora.</u> Es una palabra Nahuatl compuesta de 'Mazat' venado y '*coatl*' serpiente, que traducida es <u>serpiente mata venado</u>. Es la serpiente más larga y robusta de México y América Central. ➔ Cambio semántico: <u>Órgano sexual masculino.</u>

MASCÓN: Es un <u>partido de futbol de colonia o barrio</u>, este tipo de eventos produce los cipotes más vergones para jugar fútbol. Según dicen los chambres que unos de los nombres propuestos para el nuevo estadio de San Salvador es Coliseo El Grand Masconazo.

MASUCHO: Es la forma que la novia llama su <u>novio o esposo</u>. ➔ Cambio semántico: Se le llama así también al jefe, al propietario de un establecimiento, al presidente, al más cachimbón, etc.

MATACÁN: Para referirse a una <u>sustancia venenosa</u>. ➔ Cambio semántico: '<u>Dar matacán</u>' se refiere a <u>un asesinato</u> o al intento de asesinato.

MATANCINGA: Se refiere a <u>una matanza</u> de animales, como por ejemplo, a la de perros por medio de 'el bocado' o comida envenenada. También se refiere al <u>genocidio de humanos</u>.

MATATA: Del náhuatl '*Matatl*', <u>significa bolsa o mochila</u>. Es una bolsa de lona, pita, cordel o de otro material, provista de correas para ser cargada en la espalda, sirve para llevar provisiones o herramientas. También se dice matate.

MATE: Se le llama así a <u>cualquier gesto que hace alguien.</u> Ejemplo: "*Puta Brayan, ¿No estás a pija verdad? Tenés un <u>mate</u> a bolo paloma. Brayan contesta: No loco, si me pongo tembeleco es porque me pican los coyoles y tengo las manos ocupadas y no me puedo rascar*".

MATOCHO: Es sinónimo de <u>matorral</u>. La frase 'están juntos detrás del matocho' significa que un <u>matocho es un escondite</u> o lugar privado donde una pareja 'hace sus cosas' sin tener vínculos matrimoniales.

MATÓN: Es <u>un fisicoculturista</u>. Es la persona que profesa de una masculinidad enérgica, que derrocha testosterona y generalmente es acompañada de músculos formidables. Ejemplo: *"Brayan, muy acongojado le dice a Kevin. -Puta loco, dice la mara que el Yéffry se está entrenando para hacerse un matón fisicoculturista para darme verga. Kevin responde: No te preocupés loco, si eso es así y el Yéffry se hace un matón, aunque te monte una buena verguiada, vos sabés cómo va el dicho: 'cuerpo dinamita tiene la pijita bien chiquita'"*.

ME CAÉS MAL: Equivale a <u>'no me gusta'</u>. Es cuando alguien hace o dice algo que a otro no le gusta. Ejemplo: *"Byron le dice a Kevin. -Hey Kevin voy a traer unas pupusitas para el almuerzo, ¿Cuantas vas a querer? A lo que Brayan enojado le pregunta. - ¿Y porque sólo a Kevin le preguntás? Ves por eso <u>me caés mal</u> gran serote"*.

ME LA PELAN: Equivale a decir <u>a mí no me importa</u>.

ME LO PUEDO: Equivale a <u>'yo lo conozco muy bien'</u>.

ME PELAN CUATRO HECTAREAS DE PIJA: Equivale a <u>'a mí no me importa nada'</u>. Es generalmente dicho por aquel que en forma terminante no le importa lo que otros digan o hagan. Sinónimos: Me vale verga, me vale madre, a mí no me interesa, etc.

ME PELAN DOS CUARTAS DE PIJA: Equivale a <u>'a mí no me importa'</u>. Esta frase es similar a 'me pelan cuatro hectáreas de pija'. Sinónimos: Me vale verga, me vale madre, a mí no me interesa, etc.

<u>ME QUITO UN HUEVO</u>: Equivale a <u>'afirmar con mucha seguridad'</u> que la veracidad de lo expresado es verdadera, tanto que la persona propone quitarse un testículo en garantía si es que está errado. Esta frase existe en otras versiones similares como <u>'me corto un huevo'</u>. Por otro lado, al haber cierta desconfianza en la veracidad del asunto en discusión, entonces se dice <u>'me corto la mitad de un huevo'</u>.

ME REPELAN LA PIJA: Equivale a <u>'a mí no me interesa o importa'</u>.

ME VALE: Equivale a decir <u>a mí no me importa</u>.

ME VALE PIJA: Equivale a decir a mí no me importa.

ME VALE VERGA: Equivale a decir a mí no me importa.

MECAPALERO: Para referirse a un jornalero. Del náhuatl *'Mekapatl'* es una faja de tela con cuerdas en forma de mochila para cargar en la espalda. Mecapalero es una persona que trabaja por jornal diario o por proyecto y generalmente en construcción. Sinónimos: Jornalero, albañil, obrero, maistro, etc. Ejemplo: *"Byron le dice a Brayan. -Si vas a ir a ver a la Bessy, cambiate de ropa que pareces mecapalero con toda la ropa chuca"*.

MECATE: Es una especie de lazo. Del náhuatl *'Mekatl'* que significa lazo, bejuco, cuerda.

MECATEADA. Dicho de una fuerte jornada de trabajo. ➔ Cambio semántico: Correr, huir de una situación muy comprometida. ➔ Cambio semántico: Golpiza o castigo.

MECHA: Se refiere a el cabello de alguien. ➔ Cambio semántico: Dar mecha es incitar a alguien, manipularlo a hacer algo.

MENTADOS: Palabra que equivale a los mencionados. Palabra dicha en forma despectiva que equivale a *'los mentados hijos de puta'*.

ME ENTENDÉS: Equivale a decir *'me entiendes'*. Del castellano (voseo) *'me entendés'*. Sinónimos: Me comprendes, agarrás la onda, me entiendes.

MENUDO: Es un pan dulce en San Salvador. En san Miguel es una mezcla de chorizo, moronga y otros tipos de comida embutida. ➔ Cambio semántico: Es dinero suelto o en monedas.

MERA VERGA: Equivale a ser lo mejor, el más inteligente, el líder, etc.

METERLAS: equivale a hacer un error, similar a decir *'meter las patas'*. Sinónimos: Regarla, equivocarse, fallar, cagarla, etc. Ejemplo: *"Kevin al revisar el aceite de un carro dice. -Puta, don Chepe es bueno para meterlas, volvió a manejar el carro sin aceite"*.

METERSE: Equivale a <u>acompañarse con alguien</u>. Sinónimo, Endamarse, amarrar, juntarse, etc. Ejemplo: *"Brayan dice. – ¿Viste loco que don Chepe se metió con la yuquera? Kevin dice. -Ya me imagino que si le arreglamos el carro nos va a querer pagar con yuca frita. Byron alegre dice. -Ojalá loco, imaginate esas platadas de yuca frita con pepescas".*

METERSE EN CAMISA DE ONCE VARAS: Se refiere a <u>meterse en forma deliberada</u> o no en situaciones que son propensas a convertirse en problemas bien palomas que eventualmente traerá consecuencias colosales.

METIDO: Es <u>una persona entrometida</u>, que se inmiscuye en asuntos o conversaciones ajenos que no son de su incumbencia.

MIACE-DAÑO: Se dice <u>para evitar comer algo y así la indigestión</u>. Se dice cuando no sabés de la procedencia de un alimento y sospechás que si te lo comés, hay una posibilidad de que te dé curso.

MICA: Es el <u>aparato hidráulico</u> que sirve para levantar vehículos. Ejemplo: *"El carro ya estuvo Brayan, ya lo podés bajar de <u>la mica</u>".*

MICO: Para referirse a <u>un simio</u> o mono. ➔ Cambio semántico: Es un niño, cipote, bicho. ➔ Cambio semántico: Órgano sexual femenino.

MIERDÉSIMA: Es una <u>cosa muy pequeña</u> y sin valor alguno. Es una unidad de medida y cada una de las mil partes iguales que divide ciertas unidades, en este caso una mierda completa. Ejemplo: "Brayan dice irritado, - *"Ese Yéffry se cree una gran mierda, pero es sólo una mierdita".*

MIERDITA: Para referirse a <u>algo pequeño o de menor tamaño</u> que lo regular. Ejemplo: *"Le dice Brayan a Kevin. -Ayer tenía un hambre paloma, así es que me fui a la taquería Culiacán y en el menú tenían en oferta 'el burrito gigante' y dije qué vergón y lo compré, y no me van trayendo una mierdita de burrito, no es paja, pero es más grande la pija de un zancudo".*

MILINCHE: Se dice de una <u>persona en las fuerzas militares</u>.

MINÓPLIS: Frase del inglés *'me no please'* que significa 'a mí no por favor'. Fue usada en la Guerra Civil de El Salvador cuando periodistas extranjeros eran detenidos por la fuerza armada o guerrilleros.

MIRÁ SI NO SOS INTELIGENTE: Dicho <u>con sarcasmo a alguien que hizo o dijo una tontería</u> colosal.

MIRÁ QUE BELLEZA: Dicho <u>con sarcasmo a alguien que hizo o dijo una tontería</u> horrible. Ejemplo: *"Al terminar el día de trabajo Brayan se cambia de ropa y luego le pregunta a Kevin y Bayron. - ¿Que les parece mi nuevo pantalón? A lo que Brayan responde con una sonrisa burlona. - ¡Mirá que belleza! Bayron agrega. - ¿Lo compraste en la tienda de cipotes o qué? Porque te queda bien chulunco serote"*.

MIRÁ QUE ESTOY TEMBLANDO: Equivale 'a mí no me amenacés <u>porque no te tengo miedo</u>' y es dicho en un argumento por alguien en forma belicosa y desafiante.

MIRÁ SI NO SOS SEROTE: Equivale a 'como eres de tonto'. Es dicho generalmente entre amigos cuando <u>se hace un error muy tonto</u>.

MIRE QUE BONITO: Equivale a 'mire qué pendejada'. Dicho en forma irónica a <u>alguien que hace o dice algo muy tonto</u>.

MIRÓN: Dicho a una <u>persona muy curiosa</u>. ➔ Cambio semántico: Dicho de un hombre que <u>mira en forma pervertida</u> a una mujer.

MOLIDA: Dicho de una persona que está <u>muy cansada</u> o que está muy adolorida por el trabajo, ejercicio, caminata, etc.

MOLOTE: Dicho de una <u>gran cantidad de gente</u> o cosas. ➔ Cambio semántico: Despije, <u>desvergue</u>, desorden, alboroto, etc. ➔ Cambio semántico: <u>Dar molote</u> es amasar a la novia o mujer.

MOLOTERA; Dicho de una <u>multitud desorganizada</u>. ➔ Cambio semántico: Se dice de <u>una actividad desordenada</u>, acto escandaloso.

MONA: Dicho a <u>una niña o mujer joven</u>. ➔ Cambio semántico. Órgano sexual masculino.

MONAZO: palabra que equivale a golpe fuerte. Sinónimos: vergazo, talegazo, pijazo, serotazo, palomazo, etc.

MONÓS: Palabra acortada o aféresis de vámonos. Dicho por alguien a otros para iniciar una actividad.

MOQUEADO: Se dice de una persona que ha llorado intensamente. Palabra se deriva y es abreviación de 'llorar a moco tendido'.

MONTARLE GANAS: Equivale a luchar, a hacer el esfuerzo a algo para lograrlo. Ejemplo: *"Dice don Chepe. -Es lunes de trabajo y yo con la verga de goma que traigo, hay que montarle ganas"*.

MONTARLE VERGA: Equivale a golpear a alguien muy fuerte. ➔ Cambio semántico: Es ganar. Ejemplo: '*Dice Kevin. -Hoy juega la Selecta con México. Byron agrega. -¡Hay que montarles verga! Brayan dice inseguro. –¿Quién sabe? Kevin Interrumpe. -Caga-palo que sos'*.

MONTEROLO: Es una persona del campo. Es alguien que acaba de llegar a la ciudad y todavía huele a monte. Sinónimos: Grencho, jincho, juluyo, etc.

MORDER EL CULO: Es chambriar o chismear muy mal de alguien a sus espaldas. Sinónimos: Chismear, calumniar, desacreditar, denigrar, etc.

MORDIDA: Es la persona que está muy molesta u ofendida. Se dice de una persona insatisfecha con respecto a la acción de otra. Ejemplo: *"Brayan dice. -Yo creo que la Bessy está mordida porque me vio hablando con la Roxana ayer"*.

MORONGA: Es una morcilla o embutido hecha de sangre de cerdo, sal, pimienta y chile picante, cocida en agua con sal y manteca dentro de una tripa de cerdo. ➔ Cambio semántico: Pene. Por su aspecto, se le llama así al órgano sexual masculino. Sin embargo, este vocablo está quedando en desuso.

MORONGUEAR: Dicho de una golpiza. Es golpear muy fuerte a alguien. Sinónimos: Verguiada, pijiada, etc.

MORRALÓN EN EL LOMO: Es una <u>mochila o bolsa</u> para cargar artículos. ➔ Cambio semántico: Se dice 'una mujer tiene un morralón' cuando una mujer ha tenido en su historia muchos amoríos o tiene muchos problemas personales. La frase Posiblemente se origine del anglicismo *'She has a lot of bagage'*.

MOSQUEAR; Equivale a <u>reaccionar</u>, responder, esquivar, etc.

MOTERO: Es una persona que <u>le gusta fumar mota</u> o marihuana.

MOVIDA TURBIA: Es la <u>acción despreciable de alguien</u>.

MOYERA SUMIDA: Es una <u>persona tonta</u>. Sinónimos: Pendejo, necio, tardo, torpe, maje y encima, un gran serote.

MOZOROLA: Se le llama así al <u>órgano sexual masculino</u>. ➔ Cambio semántico: <u>Cabeza</u>. Sinónimos: Cepa, ñola, calabaza, etc.

MSV: Siglas del Movimiento de Valeverguistas salvadoreños. (*vea Valeverguista*)

MUELA: Se refiere a una <u>persona lenta o poco hábil</u>. Sinónimos: Apendejado, tardo, torpe, maje, etc.

MULA: Se refiere a una <u>persona incompetente y terco.</u> Sinónimos: Inexperto, nulo, inhábil, inútil, incapaz, torpe y encima pendejo.

MUNDANO: Es la nueva forma de decir 'chusma'. Aunque la palabra es típica de aleluyos y las congregaciones religiosas recién importadas de los Yunáis, mucha gente las usa para referirse a personas que no hacen lo mismo que ellos hacen, o que creen en cosas diferentes.

MURIÉNDOSE DE LA GOMA: Es aquel <u>que está hecho mierda por la goma</u>, llamada en otros países cruda, resaca, guayabo, etc. Síntomas característicos incluyen cansancio, debilidad, sed, dolor de cabeza, dolor muscular, náusea, dolor de estómago, vértigo, curso, sensibilidad a la luz y al ruido, ansiedad, irritabilidad, sudor y presión arterial alta, etc. Según expertos, lo único que compone la goma es el tiempo o echarse otro vergazo.

NACHAS: Se refiere a <u>las nalgas</u>. Sinónimos: Trasero, culo, naguas, sentadero, chiquistriquis, etc.

NACO: Dicho de una <u>persona que llora o se queja mucho</u>. Del náhuatl '*Nacuilon*' que significa llorón.

NAMBE: Equivale a '<u>no hombre</u>' y significa disensión, sorpresa, desacuerdo, extrañeza, etc.

NANA: Palabra equivalente a <u>mamá o madre.</u> Del náhuatl '*Nántsin*', que significa madre.

NARIS DE SENTADERO DE BICICLETA: Una persona <u>con nariz muy chata</u>.

NAVE: Se refiere a <u>un carro</u>. Sinónimos: Garnacha, guarola, lancha, etc.

NEL PASTEL: Palabra para decir <u>categóricamente no</u>. Sinónimos: Neles, negativo, nacas, naranjas, etc.

NETA: De la jerga mexicana y significa '<u>verdad</u>'.

NIÁ: Abreviación que significa: <u>niña</u>, del antiguo castellano '<u>infanta</u>'. Es una forma respetuosa y amistosa para referirse a una doña o señora. Ejemplo: ¿Cómo está niá Gloria? Que equivale a ¿Cómo está doña Gloria?

NI AGUA LE DA: Equivale a '<u>¡No la deja descansar!</u>' o '<u>no le tiene compasión</u>'.

NI CON SALIVITA: Equivale a decir 'de ningún modo aprende'. Dicho cuando una persona es muy testaruda, tonta o tan apendejada que no aprende ni a vergazos, ni con masajes o hablándole bonito, ni con salivita.

NI LIQUADO LO PASA: Se dice de una situación tan dura que ni licuado es posible tragarlo.

NINIS: Abreviación que significa: ni estudia, ni trabaja. Sinónimos: Huevón, haragán, atenido, mantenido. etc.

NÍTIDO: Se dice de algo que está claro. Es algo sin contradicciones, sin interferencias, sin problemas. Sinónimos: limpio, cristalino, puro.

NOMBE: Palabra que denota desaprobación o negación a algo. Es apocope de 'no hombre'. Ejemplo: *"Don Chepe llega al taller de Kevin y le pregunta. - Kevin, ¿En cuánto me cambiás el aceite de la nave? Kevin le dice: Por ser usted, 20 bolas. Le responde don Chepe. -Nombe, ¿que soy tu enemigo acaso?"* Sinónimos: Nombre. nambe.

NO LE ENTRA EL FRACNÉS: Equivale a decir 'de ningún modo aprende'.

NO ME HABLÉS COMO ALELUYO: Es hablar en forma histérica con tartamudeo. Es hablarle a alguien de la misma forma que lo hacen los evangélicos cuando predican, o sea, hablar gritando o en forma tatarata (tartamudeando) muy excitado y respirando muy rápido como si se estuvieran ahogando. Ejemplo: *"Brayan tartamudeando de lo enojado que está le dice a Kevin. - ¿Qui-qui- Quién fue el cu-cu-culero qué-qué-qué? Kevin aún más enojado interrumpe y dice. - ¡A mí no me hablés como aleluyo que te vua-montar verga serote! Brayan agrega. - ¿Y quién putas se hartó mi peperecha entonces culero?"*

NO NOS DEMOS PAJA: Es equivalente a 'hablemos claro' y sin pelos en la lengua. Es dicho por alguien que no quiere hablar pendejadas.

NO SE-A-BURRA: Palabra con doble sentido para dar ánimos. Dicha a alguien 'para que no se aburra', pero en doble sentido, se oye como: 'para que no sea burra'. Ejemplo: *'Ay vino la niá Mary a buscar su carro que estábamos arreglando, y el Kevin le dijo. -Ya va a estar su carro niá Mary, pero para que no se-a-burra, tómese un café"*.

NO SE TOCAN EL HÍGADO: Para referirse a <u>personas sin escrúpulos</u>.

NO TE PARAN BOLA: Se dice <u>cuando no le importas a alguien</u>.

NOS VA A LLEVAR LA REGION DE PUTAS: Equivale a '<u>estamos en problemas muy serios</u>'. Dicho frente a una situación donde las consecuencias de nuestro problema van a ser muy fuertes.

NOMASITO: Vocablo que significa que algo está <u>muy cercano</u>. Ejemplo: Un amigo pregunta: *"¿Dónde está tu casa? El otro responde: Aquí nomasito, al lado del banco"*. ➔ Cambio semántico: Equivale a <u>muy pronto</u>. Ejemplo: *"Un amigo pregunta: ¿A qué hora venís? El otro responde: Ya nomasito, allí llego"*.

NORTE: Se refiere al <u>viento o a una ráfaga fuerte de viento</u>.

NORTEANDO: Dicho de cuando <u>hace mucho viento</u>. Sinónimos Ventarrón, chiflón, huracán, vendaval, etc.

NOS TIENEN DEL CULO: Equivale a nos <u>tienen contra la pared</u> o apresados. Sinónimos: Agarrados, bien cogidos, descubiertos, arrestados, etc.

NO SEAS BAYUNCO: Es <u>cuando una persona le pide a otra ser sensata.</u>

NUAY: Equivalente a <u>no hay</u>.

NUAYO: Equivalente a <u>no encuentro algo</u> o 'no hallo'.

NUES-PAJA: Equivalente a <u>no es mentira</u>.

NUEVAS IDEAS: Es el <u>partido político que gobierna a El Salvador en el presente</u> (2023), es representado también con sus iniciales NI y una bandera de color cian y una golondrina en su centro. Es liderado por el presidente Nayib Bukele.

ÑECA: Para referirse al <u>órgano sexual masculino.</u> Sinónimos: Pene, paloma, pija, leño, verga, pipiriche, etc.

ÑAJO: Es una persona que <u>tiene labio leporino.</u> Sinónimo: janiche.

ÑÁÑARAS: Es la <u>sensación de nerviosismo</u>, repugnancia o temor.

ÑANGO: Es una <u>protuberancia carnosa.</u> ➔ Cambio semántico: <u>Pene</u>.

ÑEQUE: Para llamar al <u>músculo bíceps</u> (en el brazo). También se le llama gato. Ejemplo: *"Al ver a Brayan hacer fuerzas cuando arregla un carro Kevin le dice a Brayan. -Así me gusta loco, hacele huevos a ese tornillo serote que está oxidado, a lo mejor hacés algo de ñeques"*.

ÑOLA: Es la cabeza. Sinónimos: Ñola, chirimola, cebolleta, etc.

ÑORTA: Dicho de un juego infantil con chibolas o canicas. ➔ Cambio semántico: Para referirse al <u>órgano sexual femenino</u>.

ÑUÑUCO: Se le llama a <u>una parte saliente,</u> <u>a una protuberancia</u>. Ejemplo: *"Bayron le pregunta a Kevin. - ¿No tenés algo que darle de comer al chucho cuto? Ay está moviendo el <u>ñuñuco</u> (pedazo de cola) esperando que le demos de hartar"*.

OFRECER VERGA: Equivale <u>amenazar con una golpiza</u>. Es también una forma de <u>retar a alguien a pelear</u>.

OJAL: Es un <u>hoyo para botones</u> en la ropa <u>o para cintas</u> en los zapatos. ➔ Cambio semántico: <u>Ano</u>, culo, chiquistriquis, etc.

OJO AL CRISTO: Frase que se refiere a '<u>estar alerta</u>'.

OJO DE CAMALEÓN: Frase que se refiere a '<u>estar siempre alerta</u>'. Significa que, en lugares desconocidos siempre debes darles el debido respeto a otros, pero sin apendejarse para que no te vayan a bajar.

OÍS: Del latín '*audire*' y este del castellano 'oíd', 'oísteis' que en español moderno es '<u>oye</u>' o <u>escucha</u>.

OÍSTES: Del latín '*audire*' y este del castellano 'oísteis' que en español moderno es '<u>oyes</u>' o <u>escuchaste</u>.

OLIMPIADAS: Para los estudiantes son los <u>exámenes finales</u>.

ONDA; Para referirse a <u>una cosa</u>, coyuntura, <u>chambre</u>, situación, noticia, etc.

ORDINARIO: Es <u>alguien que se compota en publico en forma soez</u>, vulgar, jayán, plebe, tosco, machetón, malcriado. Etc.

ORÉGANO: Derivado <u>de oreja</u>. Equivale a un <u>delator o traidor</u>. Durante la Guerra Civil, era los que escuchaban en secreto lo que otros decían en contra del gobierno para inmediatamente informarle a las fuerzas de la dictadura para que los arrestaran o asesinaran. Sinónimos: Oreja, Judas, denunciante, acusador, chivato, soplón, etc.

OREJA: Para referirse a un <u>delator o traidor</u>, hablador, denunciante, soplón. Sinónimos: Orégano, Judas, acusador, chivato, etc.

OTRAN VEX: Equivale a '<u>otra vez</u>'.

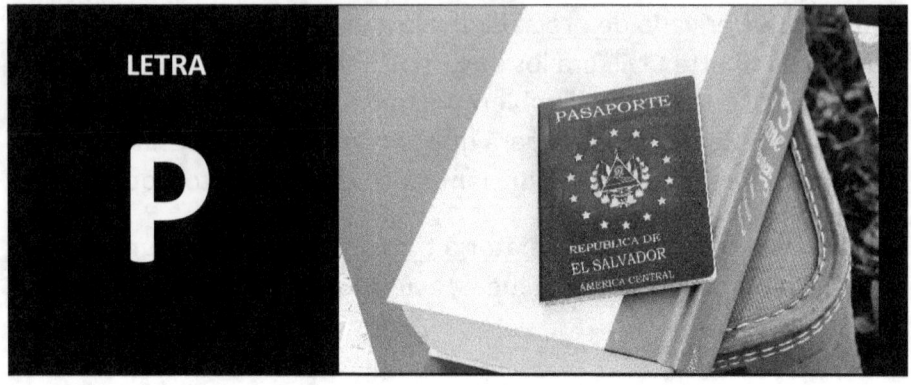

PACHA: Del náhuatl *'Pachtl'* que significa, bajo, aplastado, pequeño. Es una botella o biberón que se usa para darle de tomar leche a los niños. → Cambio semántico: <u>de baja profundidad</u>. Ejemplo: *El río tiene el <u>agua pacha</u> en verano porque no llueve.* → Cambio semántico: <u>Aplastado</u>. Ejemplo: *Ese chero tiene las nalgas pachas.*

PACHA DE GUARO: Para referirse a la <u>botella de licor</u> que usan los bolos y chichipates. Pacha es el recipiente de licor o guaro para ponerse bien a pija.

PACHANDONGO: Se refiere a una <u>fiesta grande</u> con hartazón, chupe y musicón. Sinónimo: Chonguengue, deschongue, pachanga, etc.

PACOTILLA DE CABRONES: Puede ser un <u>grupo de amigos o enemigos</u>. Sinónimos: Mara, broza, gente, etc. Ejemplo de amigos: *"Y toda la <u>pacotilla de cabrones</u> estábamos haciendo un gran relajo"*. Ejemplo de enemigos: *"Y toda esa <u>pacotilla de cabrones</u> que tenían un relajo allá afuera salieron en guinda cuando vino la chota"*.

PAILA: Se refiere a un <u>plato o recipiente pequeño</u> que se utiliza para comer.

PAIMENTADAS: Es barbarismo de la palabra <u>pavimentar</u>. Ejemplo: *"Don Chepe dice: Ahora muchas calles en el campo, allá por el pueblo de Calzontes Abajo, ya están <u>paimentadas</u>"*.

PAJA: Para referirse a una <u>mentira</u>. Sinónimos: falsedad, cuento, engaño, enredo, falsificación, falacia, ficción, calumnia, etc. ➔ Cambio semántico: Para referirse a <u>la masturbación</u>.

PAJAPORTE: Equivale a <u>pasaporte.</u> Personas del oriente de El Salvador intercambian la letra F por J, por eso dicen: juego en lugar de fuego y fuego en lugar de juego. Ejemplo: putaj-voj hombre, mi pajaporte esta lijto (*listo*) para ir a México y ver el fuego (*juego*) de la Jelecta (Selecta) contra el Jantos (*Santos*).

PAJAREAR: Para referirse a la <u>acción de perder el tiempo</u>. Es una <u>persona holgazana</u>. Sinónimos: Huevón, haragán. ➔ Cambio semántico: <u>Persona que le gusta pasear</u>, vagar, etc.

PAJERO: Para referirse a una <u>persona mentirosa</u> o que habla cosas sin sentido o sin fundamento.

PAJUILLO: Es <u>una persona estúpida</u>, terca o intransigente.

PALANCA: Equivale a <u>tener influencias con alguien</u>. ➔ Cambio semántico: Es una <u>persona de estatura alta</u>.

PALANCÓN: Igual que palanca, es una <u>persona de estatura alta.</u>

PALANQUEAR: Es la acción de <u>recomendar con alguien</u>. Es la persona con influencias que recomienda a otra. Sinónimos: Alivianar, influenciar, componer, etc.

PÁLIDA: Dicho de una reacción a un <u>temor muy fuerte</u>. Sinónimos: Susto, espanto, sobresalto, turbación, temor, miedo, asombro, alarma, angustia, etc.

PALMAR: Es un sinónimo de <u>terminar o morir</u>. Sinónimos: Finalizar, liquidar, concluir, etc. Ejemplo: *"Kevin dice. -Este carro aparte de lo veterano que está, el motor <u>se palmó</u>. Brayan agrega. -Valió verga"*.

PALOMA: Dicho del <u>órgano sexual masculino</u>. Sinónimos: Pene, ñeca, pija, chile, verga, pipiriche, etc. ➔ Cambio semántico: <u>Algo difícil</u>, duro, complicado, yuca, complejo, rígido, cruel, peligroso, etc.

PANDEADA: Se refiere a la acción de <u>hacer algo reprochable</u>. Ejemplo: *"Kevin dice. -Brayan, andá probá el carro para ver si corre bien, porque si no, la niá Mary va a creer que le estamos haciendo una pandeada y nos va a mandar mucho a la mierda".*

PANDO: Es alguien que <u>está de mala suerte</u>. Sinónimos: Torcido, infortunio, adverso, infortunado, desdichado, desventurado, etc.

PANTALÓN PUNTE-YUCA: Es un pantalón estrecho, sobre todo del lado inferior o tobillo.

PANUDA: Se dice de una <u>mujer que tiene grande su parte</u> (vagina). Sinónimos: Tortuda, pupusuda, con papaya grande o papayón, etc.

PANUDO: Es <u>un hombre cobarde</u> que abusa de las mujeres. Sinónimos: Culero, abusivo con las mujeres, pusilánime, etc.

PAPA JOHN: Del inglés Papa John, es una pizzería transnacional. ➔ Cambio semántico: <u>Papayón</u> o <u>vagina grande</u>. Este proviene de papaya o vagina. La frase en inglés <u>Papa John es un homónimo de papayón.</u> NOTA: Homónimo es una palabra que suena similar a otra, pero significa algo completamente diferente, por ejemplo: arrollo (verbo arrollar o atropellar) y arroyo (río pequeño).

PAPAYA: Es un fruto. ➔ Cambio semántico: Se le llama también al <u>órgano sexual femenino</u>. ➔ Cambio semántico: Es la <u>Cabeza</u>.

PAPAYÓN: Sinónimo de <u>vagina</u> llamada también papaya, y por eso, un papayón es una vagina grande. Se escribe a veces Papa John.

PARA LOS CULOS: Es hacer algo <u>para pretender con las mujeres</u>. Es algo que un hombre, sin importar la edad, hace para mejorar su imagen para impresionar a personas del sexo opuesto.

PARCHE: Pedazo de tela, papel, piel, etc., que se pega sobre una cosa para tapar un agujero. ➔ Cambio semántico: <u>Aplastado</u>. Se le llama a <u>algo completamente destruido</u>. Ejemplo: *"Kevin le dice a Brayan. -Andá probá el carro para ver como quedó, pero manejá bien, no lo vayás a <u>hacer parche</u> serote".* Sinónimos: Chocar, desecho, molido.

PARCHERO: Se dice de una persona inepta, Que hace las cosas a medias o mal hechas, Sinónimos: Chapucero, chambón, torpe, negligente, etc.

PARLAR: Se le llama a la acción de hablar, dialogar, chambriar, chismear, etc.

PARO: Se le dice a un favor. Sinónimos: ayudar, acompañar, etc.

PASAME EL CHICLE: Equivale a '¡Cuéntame el chisme!'

PASAR EL HUACAL: Es cuando en una iglesia 'se colecta la ofrenda'. 'Pasar el balde' es cuando se cobra la renta o alquiler de una casa.

PASARLA BIEN CHIVO: Es sinónimo de pasarla muy bien, es estar en un lugar o vivir una ocasión encantadora, afable, cortés, linda, etc.

PASARSELA POR EL CULO: Equivale a despreciar algo. Es la falta de respeto a algo, frase alusiva a tratar algo como papel higiénico.

PASARSELA POR LOS HUEVOS: Es despreciar algo. Es la falta de respeto o irreverencia a algo.

PASEARLA: Es hacer un error muy grande. Sinónimos: Regarla, cagarla, arruinar algo, provocar una situación desfavorable para alguien. Ejemplo: "Ya con las chelas adentro, *Kevin le dice a Brayan. - Nuestro taller no es reconocido por pasearse en los carros, nosotros somos los más vergones de la Zacamil. Brayan dice. - ¡Ahuevo loco!*"

PASMADO: Es alguien que se ha quedado apendejado, ido, jugado. Sinónimos: Tonto, inútil, poco hábil, inepto, y para variar, es un serote bien hecho. ➔ Cambio semántico: Es alguien tardío en reaccionar.

PASTE: Es una esponja natural para lavar o bañarse. Del náhuatl 'Pachtl' que significa lanudo. Es una planta (cucurbitácea) de tallo piloso y ahuecado en su centro, su fruto es alargado y fibroso que ya desecado es usado como esponja (estropajo) para fregar los trastes (platos) o bañarse.

PASTELERO: Se le llama a la persona <u>holgazana</u> o <u>muy lenta</u>. Es una persona que toma o desperdicia el tiempo en hacer algo.

PATADA EN PECHO: Dicho <u>cuando alguien reacciona severamente contra otra</u> y no necesariamente en forma física (a patadas) sino con mucho enojo, coraje o determinación.

PATALEAR: Dicho de una persona que <u>agonizar</u>. Sinónimos: Fallecer, morir. Ejemplo: *"Cuando llegué a la casa, el pobre chucho ya estaba pataleando"*. ➜ Cambio semántico: Es un <u>ataque de epilepsia</u>.

PATATÚS: Se le llama a un <u>desmayo</u> o <u>ataque cardiaco</u>. Sinónimos: Síncope, decaer, mareo, desfallecer.

PATEADO: Dicho de algo <u>dañado</u>, <u>arruinado</u> o <u>destruido</u>.

PATECHUCHO: Es una <u>persona dada a estar en la calle</u>, que le gusta pasear o viajar. Proviene de la palabra compuesta 'pata de chucho'.

PATERNA: Es un fruto. ➜ Cambio semántico: <u>Patas, pie</u>. Se usa más en su equivalente plural *patas*. Ejemplo: "Mientras Brayan mira TV, Bessy dice. - ¡*Bajá las <u>paternas</u> de la mesa Brayan!*"

PATÍN: Se dice de un <u>mal olor</u>. Ejemplo: *"La leche parece que se arruinó porque tiene <u>un gran patín</u>"*. ➜ Cambio semántico: <u>Andar a pie</u> o caminar. Ejemplo: *"Brayan le dice a Kevin. -Puta, ayer a puro patín me fui para la casa porque no pasó el bus"*.

PATINAR: Es la <u>persona que está enferma mentalmente</u> o que <u>le patina el coco</u>. Es alguien qué habla incoherencias o confusa. Sinónimos: demente, perturbado, lunático, maniático, chollado, etc. Ejemplo: *"Kevin se ríe burlándose y dice. -A este Brayan <u>le patina el cráneo</u>, no ves que le fue a pedir la mano de Bessy a al papá, y para convencerlo le llevó un racimo de guineos, y bien emputado el señor lo mandó a la mierda. Brayan lo mirá irritado, pero no dice nada"*.

PATOJO: Persona que tiene las <u>piernas o pies torcidos</u> o desproporcionados. Sinónimos: cojear, cuto, deforme, torcido, etc. ➜ Cambio semántico: De la jerga chapina, es <u>un niño o joven</u>.

PATUDO: Persona <u>que tiene los pies grandes</u>. → Cambio semántico: <u>Que está borracho</u>. Sinónimos: Bolo, bolígrafo, chichipate, etc.

PATULECO: Se dice de una <u>persona con los pies desbalanceados</u>. Se usa también para llamar a un animal o mueble <u>con las patas chuecas</u>.

PATURRIAS: Es un sinónimo de <u>la patas o pies</u>.

PAYULO: Es una <u>persona que tiene la piel pálida</u>. Sinónimos: Lívida, macilenta, descolorida, cherche, etc.

PECHE: Dicho de una <u>persona o cosa muy delgada</u> o desnutrida. También se utiliza para cosas o animales, Ejemplo: *"Ese chancho está bien peche"*.

PECHETRINA: Se le dice a un <u>machete corto</u>.

PECHUDA: Es una persona fortachona de pecho ancho. → Cambio semántico: Es una <u>lesbiana con músculos grandes</u> y mal carácter.

PEDO: De la jerga mexicana. Es '<u>estar bajo la influencia de algo</u>'. Es la persona que está tomada o bien a pija, también se dice 'está pedo' cuando se ha usado marihuana u otro tipo de estupefacientes. → Cambio semántico: Se refiere a <u>un problema</u>, <u>complicación</u>, etc.

PEGAR: Palabra que se utiliza <u>para varios propósitos semánticos</u>. Ejemplo: de golpear: '*A Henry <u>le pegaron</u> una clase de verguiada*'., De embarazar: '*A la Leticia <u>le pegaron</u> otro hijo*'., De iniciar una acción: '*Ay estábamos chupando y haciendo bonche cuando llegaron los chotas a repartir vergazos y <u>pegamos</u> una sola guinda*'., 'etc., etc.

PEGAZÓN: Cuando alguien es <u>atraído por otra persona</u> o cosa. Ejemplo: Le dice Kevin a Brayan: *"Ese serote de Yéffry tiene una gran pegazón con la Bessy, tené cuidado no te la vaya a bajar"*.

PEGOSTE: Es para llamar a una <u>persona melosa</u> o a un niño. Ejemplo de pegoste: *"Byron le dice a Brayan. -Agarrala suave loco, mirá que a las mujeres no les gusta que el novio sea un pegoste"*. Ejemplo de pegoste: *"La madre le dice a su hijo: 'es que es lindo mi pegoste'"*.

PELADO: Equivale a <u>persona desnuda</u>. ➜ Cambio semántico: <u>Enfermo mental.</u> Sinónimos: Chollado, loco, maniático, etc. ➜ Cambio semántico: Es una persona <u>sin dinero</u> o sin recursos económicos. Sinónimos: Pobre, necesitado. ➜ Cambio semántico: Persona, animal o cosa <u>que murió o se acabó</u>. Ejemplo. *"Dice don Chepe. -Puta, se peló el pobre chucho, que mala onda"*. Por otro lado, *"Kevin dice. -El motor de este carro se fundió. Byron agrega. -Se peló"*.

PELÁMELA: Equivale a 'no te creo y ya <u>no me molestés</u>'. Dicho por una persona incrédula <u>que no confía</u> ni acepta tu proposición.

PELAME EL EJE: Equivale a '<u>no te creo y ya no me molestés</u>'. Dicho por una persona incrédula <u>que no confía</u> ni acepta tu proposición.

PELAR: Vocablo que significa <u>rapar algo</u>. ➜ Cambios semánticos: <u>Morir</u> o fallecer. ➜ Cambio semántico: <u>Enloquecer</u>.

PELAZÓN: Dicho de un <u>serio ataque mental esquizofrénico</u>.

PELIONERO: Es una <u>persona pleitista</u>. Sinónimos: Belicoso, conflictivo.

PELLEJO: Dicho de una <u>persona bien flaca</u>. Es la <u>piel humana</u>, de animal o de cosa. Dicen los chambres que la canción 'Pellejo' de Fiebre Amarilla fue dedicada a la novia del cantante del grupo por flaca. ➜ Cambio semántico: <u>Tonto</u>. En situaciones comprometidas, a veces se usa pellejo en lugar de pendejo.

PELOECUCA: Dicho de una <u>persona malintencionada</u>. Sinónimos: Malicioso, ruin, vil, infame, pérfido, indigno y, además un gran serote.

PELÓN: Persona <u>sin cabello</u>. ➜ Cambio semántico: <u>Sirviente</u>. Ejemplo: *"Qué mala onda ese maitro, ha agarrado al pobre cipote de su pelón"*.

PENCAZO: Se le llama a <u>un golpe muy fuerte</u>. Ejemplo: *"Contaba una vez un señor que allá cerca de Tepecoyo, un cipote bayunco con una vara le puyó el culo a una vaca, y que la vaca hijeputa <u>un solo pencazo</u> le dio con la pata"*.

PENCÓN: Es un cipote o joven ya grandecito, <u>un adolescente</u>.

PENQUIAR: Es la acción de <u>dar una golpiza</u>. Sinónimos: Verguiada, pijiada, pescocear, tastasear, arrear a alguien a serotazos, etc.

PEPERECHA: Es un exquisito pan dulce largo y rectangular con una capa de azúcar normalmente de color roja, y entre el pan tiene otra capa de miel o dulce de atado. ➜ Cambio semántico: <u>Mujer coqueta</u>, vanidosa y en ciertas situaciones, puede ser una prostituta.

PEPENAR: Se refiere a <u>recoger</u>. Del náhuatl *'Pehpena'* de recoger.

PEPESCA: Es un pequeño pez comestible. Es endémico en lagos y lagunas de Centroamérica y México. La pepesca se sirve generalmente sobre un plato de yuca sancochada. Del náhuatl *'Pepetzcatl'* y quiere decir brillante.

PERATE: Este vocablo es una aféresis de <u>espérate</u>. Ejemplo: *"Brayan al ver que Kevin y Byron se van a almorzar sin él dice. -Puta perate Kevin que primero me tengo que cambiar la ropa para ir al hartazón"*.

PERICHE: Dicho de una <u>persona que pide en forma incesante.</u>

PEROLADA: Palabra equivalente a <u>una gran cantidad</u>. Ejemplo: *"Kevin responde. -Movete pues, mirá que la niá Coralia hizo una perolada de tamales"*.

PERRO: Se dice de <u>algo muy difícil</u>. Sinónimos: Complicado o duro, Ejemplo: *"Está perro hacer este bolado (equivale a: está difícil realizar esta cosa)"*. ➜ Cambio semántico: Es <u>estar muy enojado</u> o furioso.

PESCOCEAR: Se le llama a la acción de <u>golpear a alguien</u>. Sinónimo: Verguiar. ➜ Cambio semántico: <u>Curiosear</u>, mover la cabeza al vigilar.

PESCOSADA: Se le dice a <u>un gran golpe</u>. Sinónimos: Vergazo, pijazo, tastasiada, arrear a alguien a serotazos, etc.

PETATE: es una <u>alfombra tejida de palma</u> o de carrizo que se usa para dormir sobre ella en los países de historia o herencia Azteca y Maya. Del náhuatl *'Petatl'*, que significa <u>estera</u>, <u>alfombra</u>, o especie de colchoneta delgada.

PETATEARSE: Es una <u>persona o animal que fallece</u>. Del náhuatl *'Petatl'*, que significa <u>estera</u>, <u>alfombra</u>, o especie de colchoneta. ➜ Cambio semántico: <u>Dañarse</u>, terminar, arruinar, dañar, etc. Ejemplo: *"Se <u>petateó</u> el televisor"*.

PICACHERO: Es una <u>persona que maneja un</u> <u>vehículo estilo pick-up</u>.

PICÁRSELA: Es una <u>persona pretenciosa</u>. Es alguien que es presumido, jactancioso, vanidoso y encima, un gran hijo de puta.

PICHICATE: Es <u>alguien muy tacaño</u>. Sinónimos: de Egoísta, miserable, ávaro.

PICHINGA: Es una <u>botella o recipiente grande</u> de barro, vidrio o plástico, etc. ➜ Cambio semántico: Estar a pichinga es <u>estar borracho</u>, a pija, a verga, etc.

PICHÓN: Se dice de un <u>ave de poca edad</u>. ➜ Cambio semántico: <u>Niño o adolescente,</u> cipote, etc. ➜ Cambio semántico: <u>Persona inexperta</u> o de poca experiencia.

PICO: Es una <u>h</u>erramienta similar a la pala y usada <u>para trabajar en la</u> <u>tierra</u>. ➜ Cambio semántico: El <u>órgano sexual masculino</u>.

PIDIENDO VIA: Es una persona o cosa <u>con muy poco vigor</u>, fuerza o aguante.

PIGUASHTAZO: Dicho de <u>un trago de licor</u>. Sinónimos: Vergazo, talegazo, etc.

PIJA DE GOMA QUE ANDO: Equivale a *"<u>tengo una gran resaca</u>"*. Sinónimos Tengo una cruda recia, tener el guayabo, etc.

PIJA DE VERGA: Es una <u>borrachera monumental</u>.

PIJA: Es <u>un tornillo</u>. ➜ Cambio semántico: el <u>pene</u>. ➜ Cambio semántico: Es algo grande, bonito: Ejemplo: *Ese es pija de carro* (*es un carro bonito*). *Tengo una pija de casa* (*tengo una casa grande*). Pija proviene del náhuatl *'Pitsáhuactl'* que <u>significa cosa larga y delgado</u>.

PIJACEO: Vocablos sinónimo de pelea o enfrentamiento armado. Durante los años de la Guerra Civil en El Salvador, se decía: A las tres de la mañana empezó el pijaceo. También se dice 'pijaceyo'. Sinónimos: Vergaceo, combate, despije, deschongue, lucha, seroteo, conflicto, etc.

PIJASAL: Para referirse a una gran cantidad de cosas. Sinónimos: vergasal, serotal, mucho, cuantioso, inmenso, abundante, etc.

PIJAZO: Se refiere a un golpe fuerte. ➔ Cambio semántico: Trago de licor. Sinónimos vergazo, talagüaishtazo, pihuashtazo, talegazo, etc. ➔ Cambio semántico: Para referirse a una gran cantidad de cosas.

PIJIAR: Es dar una golpiza a alguien. Sinónimos: Paliza, montar verga, pegar, golpear, verguiar, etc. ➔ Cambio semántico: Trabajar, volar pija, echar pija. Ejemplo: *"Hoy me toca pijiar en la tarde"*.

PIJÓN: Obviamente, es un hombre con la pija bien grande. ➔ Cambio semántico: Excelente, es algo muy bueno, atractivo, bonito, Sinónimos: Vergón, pijudo, nítido, vergonísimo, etc. ➔ Cambio semántico: Valiente. Ejemplo: *"Ese tipo si es un pijón, tiene mucho valor"*. ➔ Cambio semántico: Una buena persona, afable, simpático.

PILAS: Es equivalente a habladurías. Sinónimos: Mentiras, paja. Ejemplo: *"Ese maje sólo es pilas conmigo, según él, le voy a creer"*.

PINCHE GÜEY: De la jerga mexicana que significa 'pobre tonto' es similar a 'maje' en El Salvador.

PINTA: Palabra que equivalente a lucirse, destacarse en algo. Ejemplo: *"Este cipote cuando juega fútbol, se pinta el bicho, es muy bueno"*.

PIÑA: Se usa como equivalente a cobarde. ➔ Cambio semántico: Homosexual.

PIPA: Dicho del miembro genital masculino.

PIPIÁN: Se usa como equivalente a homosexual. Sinónimo: Cobarde.

PIPIRICHE: Dicho del miembro genital masculino.

PIPONA: Dicho de una <u>mujer embarazada</u>, preñada, o panzona. ➔ Cambio semántico: Es la <u>panza grande de un borracho</u>.

PIQUETE: Es equivalente a <u>una malicia</u>, coqueteo. Ejemplo: Brayan le dice a Kevin: *"Al ver que Brayan está agüite porque el Yeffry le quiere bajar la novia, Kevin dice. -Lo que pasa es que la Bessy solo es <u>piquetes</u> con el serote de Yéffry"*.

PIRICHE: Es una persona <u>pedigüeña</u>, que pide con frecuencia e importunidad.

PIRINOLA: Equivalente a <u>la cabeza</u>. ➔ Cambio semántico: <u>Pene</u>.

PIRRINGA: Equivale a <u>niño pequeño</u>, chiquito, hijo, etc. ➔ Cambio semántico: Dicho del <u>pene</u> de un niño.

PISADO: Es estar muy <u>agobiado</u>, con problemas, muchas deudas o dificultades. Ejemplo: *"La jura me tiene <u>bien pisado</u> con tanta esquela"*. ➔ Cambio semántico: <u>Es tener relaciones sexuales</u>.

PISAR: Es poner <u>el pie sobre algo</u>, caminar. ➔ Cambio semántico: Es <u>tener relaciones sexuales</u>.

PISCUCHA: Es una <u>cometa de papel</u> o papalote. ➔ Cambio semántico: Es una <u>mujer coqueta</u> o es <u>prostituta</u>. Ejemplo: *"Kevin le dice a Brayan. -Es que también la Bessy es una <u>piscucha</u> por qué. – Kevin enojado interrumpe y dice. -Puta loco, ¿Estás diciendo que mi novia es una puta? Kevin responde. - Escuchame, pensalo bien, si el Yéffry te la quiere bajar, es porque es ella la que anda con pispiretes con él"*.

PISPIRETE: Palabra equivale a <u>coqueteo</u>. ➔ Cambio semántico: <u>Avispado</u>, listo, vivaz, suspicaz. Ejemplo: Esta cipota nació bien pizpireta.

PISPILIAR: Significa <u>parpadear</u>. ➔ Cambio semántico: <u>Coquetear</u>, seducir, etc. Ejemplo: *"Kevin dice: La verdad es que vos te enputás con el Yéffry cuando es la Bessy la que anda <u>pispileando</u> con ustedes dos"*.

PISTO: Equivale al <u>dinero</u>. Sinónimos: Chirilicas, billuyo, bolas.

PLATUDA: Es una <u>persona adinerada</u>, con recursos económicos.

PLEBE: Es una <u>persona lépera</u>, que es soez, ordinario, poco decente. Sinónimos: Grosero, vulgar, populacho, chusma, plebe, etc.

PLOMEAR: Se dice a la acción de <u>disparar o dar balazos</u>. Sinónimos: Balear, cuetiar.

POLARIZADAS: Se les llama así a las <u>cervezas en botella</u>. Sinónimos: Birrias, chelas, talladitas, heladitas, etc.

POLLÓN: Dicho de una persona <u>fuerte y musculosa</u>. → Cambio semántico: Persona <u>mayor de edad</u> (de 40 años para arriba. → Cambio semántico: <u>Persona obesa.</u>

PONELE COCO: Equivale a <u>pensarla muy bien</u>. Sinónimos: Pénsala, Ponele queso, ponele cráneo, craneárla, coquearla, etc.

PONELE CRÁNEO: Equivale a <u>pensarla muy bien</u>. Sinónimos: Pénsala, Ponele queso, craneárla, coquearla, etc.

PONELE LEÑA: Se dice en forma de burla cuando un <u>vehículo que no prende</u> o no quiere andar.

PONELE SALDO VOS: Dicho en broma a alguien <u>cuando su llamada de teléfono se quiebra o se pierde.</u>

PONELE QUESO: Equivale a <u>pensarla muy bien</u>. Sinónimos: Pénsala, Ponele coco, ponele cráneo, craneárla, coquearla, etc.

PONER EL BALDE: Dicho de <u>alguien que es asaltado</u> o robado.

PONERLE EL DEDO: Es <u>delatar a alguien</u>, es acusarlo o denunciarlo.

PONETE AGUJA: Equivale a <u>ponerse muy alerta</u>. Sinónimos: Estar listo, atento, trucha, preparado, concentrado, etc.

PONETE AVISPA: Equivale a <u>ponerse muy alerta</u>. Sinónimos: Estar listo, atento, trucha, preparado, concentrado, etc.

PONETE TRUCHO: Equivale a <u>ponerse muy alerta</u>. Sinónimos: Estar listo, atento, aguja, preparado, concentrado, etc.

PONETE A VER QUE TAL TE VA: Es una amenaza o advertencia que equivale a '<u>no me provoqués porque te vas a arrepentir</u>'.

PONETE LAS PILAS: Equivale a <u>ponerse muy alerta</u>. Sinónimos: Estar listo, atento, trucha, preparado, concentrado, etc.

PONIENDO ESTABA LA GALLINA: Equivale a '<u>pagame</u>' o '<u>pagame lo que me debés</u>' o ¿<u>dónde está el billete</u>?

POR LA GRAN PUTA: Dicho con frustración y equivale a ¡<u>no lo puedo creer</u>!, ¿Cómo es posible?, ¡Qué barbaridad, etc.

POR SI LAS DIULE: Equivale a decir 'por si las dudas', "por si acaso', 'por si las moscas'.

PORRAZO: Equivale a <u>golpe</u>. Es una forma cortés de decir pijazo.

PLANTEAR. Equivale a <u>pretensioso</u>. Ejemplo: *"Byron le dice a Brayan en forma de burla. - Ay vino el Yéffry hace poco, <u>planteando</u> con una nave bien chiva. Kevin le dice a Byron. -No estés chunguiando al Brayan porque este serote es choyado"*.

PRINGANDO: Se dice <u>cuando cae una llovizna leve</u> o cuando comienza a llover. Pringar son las primeras gotas de lluvia.

PÚCHICA. Es una forma cortés de decir ¡puta! Es una exclamación de cólera, tristeza, sorpresa o susto.

PULIDA: Es algo <u>liso o terso</u>. ➔ Cambio semántico: Es una <u>persona simpática</u>. Sinónimos: Buena, bonita, atractiva, etc.

PUNTE-YUCA: Es un pantalón muy angosto sobre todo en la parte de los tobillos.

PUÑAL: De la jerga mexicana. Es un <u>hombre homosexual</u>.

PUÑO: Equivale a <u>una gran cantidad</u>, a un montón, mucho, etc.

PUPUSA: Es una <u>tortilla de maíz o arroz</u>, rellena de chicharrones, queso u otros alimentos. Del Nahuatl *'Popotlax'*. Proviene de las palabras *'Popo'* que significa grande o hinchado y *'Tlaxcalli'* tortilla de maíz. ➔ Cambio semántico: Pupusa se refiere también a <u>la vagina</u>.

¡PUTA!: Expresión muy popular que <u>denota sorpresa</u>, <u>decepción</u>, <u>susto</u>, alegría, tristeza, desacuerdo, y muchas otras emociones.
¡PUTA-VOJ-UMBRE!: Expresión muy popular que <u>denota sorpresa</u>, <u>decepción</u>, <u>susto</u>, etc. Esta frase es muy popular en el oriente del país, sobre todo en San Miguel y proviene de 'puta vos hombre'.

PUTEADA: Es un <u>insulto</u> o la manifestación lingüística de vocablos de mal gusto y groseros, con el propósito de ofender a una o más personas.

PUTEAR. Es la <u>acción de insultar</u> con palabras impropias o soeces con el propósito de ofender. ➔ Cambio semántico: <u>Ejercer la prostitución</u>.

PUTERÍO. Es un eufemismo de <u>prostíbulo</u> o burdel.

PUYA: Es un eufemismo de la exclamación ¡puta! Ejemplo: *"¡Ve que hijuepuya, yo aquí esperando y me dejó bien enganchado!"*

PUYA BOTONES: Para referirse a <u>los diputados de la Asamblea Legislativa</u> de El Salvador.

PUYAR: Es un sinónimo de <u>pinchar con algo</u>, es <u>agujerear</u>. ➔ Cambio semántico: <u>Apuñalear</u>, es herir con un cuchillo. ➔ Cambio semántico: <u>Es acelerar</u>. Es meterle el pedal del acelerador a un carro. ➔ Cambio semántico: <u>Es incitar o provocar</u> a alguien a hacer algo.

QUÉ CHINGA ESTE SEROTE: Equivale a '¡Qué tanto que molestas tú!'

QUÉ CHIVO VOS: Equivale a '¡qué bonito o agradable esto! Ejemplo: *"Brayan le dice a Kevin: Ayer llegó a la colonia un vato de San Francisco de allá en los Yunáis, y vas a creer que el serote traía unos tenis de color rojo radioactivo, yo pensé ¡qué bayunco es este loco! Pero mejor le dije ¡Qué chivos esos tenis vos!"*

QUÉ COMAN MIERDA: Dicho por alguien muy irritado y en completo desacuerdo. El uso de esta frase hizo muy popular a la niña Lilian en una entrevista que ella hizo a una televisora local de El Salvador.

¡QUÉ DIAVERGA!: Frase que denota excelencia fenomenal. ➔ Cambio semántico: Dicho con ironía denota un esacuerdo con vehemencia.

QUÉ INDIO QUE SOS; Equivale a '¡Qué caprichoso o terco que eres!'

QUÉ LO PISEN PARADO: Es dicho a una persona después de que hizo un error en forma terca y sobre todo que no tuvo la sensatez de escuchar consejo. Ejemplo: *"Kevin dice. -Mira al don Chepe si no es mula, le advirtieron que dejara de cuentiar a la niá Cecilia, la vecina nalgona, pero como es necio el ruco, la mujer lo va a agarrar dl pescuezo y lo van a pisar parado"*.

QUÉ MUELA QUE SOS: Equivale a '¡Qué haragán o terco eres tú!'

QUÉ MULA QUE SOS: Equivale a '¡Qué terco eres tú!' Es dicho a alguien que no entiende o no agarra consejo.

QUÉ PALOMA ESTÁ ESTO: Equivale a '¡Qué difícil está esto!'

QUÉ PASIONES: Equivale a preguntar ¿Qué pasa? o ¿Cómo estás?

QUÉ PESTE A GUARO QUE TENÉS: Equivale a '¡Qué olor a licor traes!'

QUÉ SE LA COMA COMPLETA: Dicho por una persona a otra que por obstinada falla en algo y pronto tiene que afrontar las consecuencias.

QUÉ SEROTE QUE SOS: Equivale a '¡Qué tonto eres!'

QUÉ SEROTE MÁS JAYÁN: Equivale a '¡Qué tipo tan vulgar o plebe!'

QUÉ VIEJO MÁS PLEBE: Equivale a '¡Qué señor tan vulgar!'

QUÉ YUCA ESTÁ ESTO: Equivale a '¡Qué difícil está esto!'

QUÉ ZUMBA QUE ANDÁS: Equivale a '¡Qué borrachera que traes!'

QUEBRAR: Equivale a liquidar o matar. ➔ Cambio semántico: Aplazar un examen o curso de escuela. ➔ Cambio semántico: Tener sexo.

QUEMAR: Equivale a ser delatado. Ejemplo: *"Este Brayan tarado, le dijo a la Bessy que estaba trabajando y él solito se quemó cuando después le dijo que estaba en el cine".*

QUESO: Equivale a ser inteligente o perspicaz, También a ser hábil, astuto, etc. Ejemplo: *"Dice Byron. -Nombe Brayan no seas tan serote, mirá que la Bessy es queso la bicha, a ella no le das paja tan chiche".*

QUISQUILLOSO: Es una persona muy sensible o que se ofende fácilmente por cosas insignificantes.

QUITÁ DIAY: Forma poco elegante de decir ¡vete! Sinónimos: Quitate, andate. ➔ Cambio semántico: Ser superior en algo, ya sea bueno o malo. Ejemplo: *"Este serote de Brayan es pendejo, pero el culero de Yéffry le dijo quitate diay, porque más pendejo que él nuay".*

QUITATE DEL SOL VOS: Equivale a: 'no te asolees más que ya estás bien prieto'. Es una frase dicha a una persona de piel morena para que no se queme o se le ponga más oscura la piel.

QUIUBO: Equivale a '¿Cómo estás? Es corto de ¿Qué hubo?

QUIÚBOLE: Equivale a 'quiubo' o '¿Cómo estás? Es corto de ¿Qué hubo?

RABADILLA: Es la <u>parte baja de la espalda</u>.

RALEAR: Es <u>cortar con cuchillo</u>. Sinónimos: Acuchillar, apuñalar.

RALO: Para referirse a <u>algo diluido</u>, ya sea un café, refresco, sopa, etc., Es cualquier líquido que no es espeso y mezclado con otro para hacerlo más abundante, liviano o simplemente sin espesura.

RANEAR: Dicho de algo que es <u>muy tedioso</u>, aburrido, cansado, etc. Es <u>concluir algo a duras penas</u>.

RANFLA: De la jerga mexicana, es un carro. Sinónimos: Vehículo, nave.

RASCUACHE: Quiere decir '<u>de mala calidad</u>', 'de aspecto pobre'.

RAYAR: Es <u>cortar con cuchillo</u>. Sinónimos: Acuchillar, apuñalar.

RAZÓN: Es el <u>acierto</u>, <u>verdad</u> o justicia en lo que una persona dice o hace. ➜ Cambio semántico: Es un <u>recado</u>, información, mensaje, etc.

REBANADA: Equivale a <u>darse una gran comida</u>, hartada, tragazón, etc.

RECOVECO: Equivale a '<u>escondite</u>', esquina, hoyo, guarida, etc.

REFUNDIDO: Es algo o alguien que está en un lugar lejano, que está abandonado o extraviado en un refundio.

REFUNDIO: Es un <u>vecindario o pueblo muy lejano</u>. ➜ Cambio semántico: Es un lugar que está abandonado, extraviado o en la lejanía.

REGAR LA BASINICA: Es <u>cometer un error colosal</u>. Ejemplo: *"Brayan le dice a Kevin. -Puta loco, es que vos <u>regaste la bacinica</u> cuando le dijiste a Bessy que yo ya no estaba aquí trabajando. Kevin le responde. - ¿Y porque no me avisaste que le ibas a dar paja a la ruca que no estabas acá? Como putas yo voy a saber lo que estás haciendo gran serote"*.

REGARLA: Acción de <u>cometer eoor garrafal</u> o hacer una pendejada.

REGAZÓN: Andar <u>repartiendo conocimiento</u>, en particular chambres o chismes.

REJUNTAR: Es <u>formar pareja</u> con o sin vínculos matrimoniales. ➜ Cambio semántico: <u>Es ahorrar chirilicas</u>, dinero, billete, etc.

REMANGADO: Es algo que ha sido rezagado, dejado de usar y abandonado. Algo dejado en el refundio.

REMANGAR: Es la <u>acción de rematar a golpes</u> o verguiar a alguien.

REMAR: Equivale a <u>caminar por mucho tiempo</u>. Ejemplo: *"Dice un cliente a Kevin. -Vine tarde porque tuve que remar mucho para encontrar el taller. Byron agrega. -Si no quiere remar, nomás póngale GPS al fon"*.

REMPUJAR: Esta palabra se usa en substitución de <u>empujar</u>.

REPISADO: De la jerga chapina. Equivale a '<u>ese fulano</u>' o una cosa. También es usado para señalar a alguien que se desprecia.

RETAJILA: Equivale a <u>una gran cantidad</u> de gente, animales o cosas. Este vocablo es barbarismo de 'retahíla'. Ejemplo: *"Ay vino la niá Chave con su retajíla de cipotes"*.

REVENTAR. Dicho de una <u>persona muy frustrada o furiosa</u>. Es estar hasta la coronilla o muy harto de algo. Sinónimos: Enojar, rabioso. Ejemplo: *"Ando con los miados calientes, ¡estoy por reventar!"*

REVERENDO: Dicho de algo que tiene características supremas. Ejemplo: *"¡Brayan, vos no sos más que un reverendo serote!"*

REVIRAR: Equivalente a rebotar, repercutir, devolver, etc.

REVOLCAR: Dicho de cuando un vehículo vuelca. ➔ Cambio semántico: Recibir o dar una pija de verguiada (gran paliza) o taleguiada, pijiada. Etc. ➔ Cambio semántico: Tener relaciones sexuales. Ejemplo: *"La loca Luisa le dijo una vez a su marido. -Si llego a saber que te andás revolcando con esa pendeja, me la vas a pagar, semejante serote"*.

RIGUAS: Es una tortilla hecha con masa de elote tierno.

ROLAS: De la jerga mexicana. Es una canción, melodía.

ROLLO: De la jerga mexicana. Es una conversación prolongada, plática, relato, historia, aventura. ➔ Cambio semántico: Relación sentimental. Ejemplo: *"Tuve un rollo con ella cuando fuimos compañeros de clase"*.

RONCHA: Es un bulto pequeño o barro rojizo que sale en la piel. ➔ Cambio semántico: Es un problema, complicación, inconveniente.

RONDÍN: Equivale a un paseo o caminata.

ROSCA: Para referirse al ano. Sinónimos: Culo, chiquistríquis, chiquito, zereguete, etc.

RUCO: Es equivalente a una persona de edad mayor, un señor, un anciano, etc. ➔ Cambio semántico: Equivale a una cosa vieja. Ejemplo: *"El carro de don Chepe está ruco, ya no la hace ni aunque lo lavemos con agua de ruda"*.

RUEDAS: Se le llaman así a los juegos mecánicos.

SACAPUNTA: Equivale a una <u>persona que insolenta o incita a otro</u> a hacer algo. ➔ Cambio semántico: Para referirse a <u>una vagina</u>.

SACO: Expresión que <u>denota desconfianza </u>o asombro. Ejemplo: *"Brayan le dice a don Chepe. -Ese chucho es bien mansito, vaya y apriétele los huevos y va a ver. El responde. -¡Saco!, ese chucho hijueputa me va a morder.*

SÁFICA: Para referirse a una lesbiana o a una mujer bisexual o sea 'de tocho-morocho'. El término sáfica se deriva de Safo, una poetisa nacida en el año 580 a.C., en la isla griega de Lesbos, de ahí también el término 'lesbiana'. Sinónimos: Machorra, tortillera, lesbo, etc.

SALADO: Se dice de <u>alguien que tiene mala suerte</u>.

SALAZÓN. Es <u>estar salado en forma consecutiva</u>. Es alguien que tiene propensión al infortunio o desgracia.

SALBEQUEAR: Es <u>hablar cosas sin importancia</u>. ➔ Cambio semántico: <u>hablar cositas bonitas </u>a alguien o a una enamorada. ➔ Cambio semántico: <u>Engañar</u> o timar a alguien con promesas o esperanzas.

SALÚ: Equivale a '<u>qué te vaya bien</u>' o '<u>hasta luego</u>, Dicho entre amigos <u>para despedirse</u>. Corto de 'salud y que Dios te acompañe'.

SALUDES TE MANDO DON GOYO: Es una <u>frase dicha en broma</u> y a veces <u>para agraviar a alguien</u>. La frase se dice en forma seria: '*Saludes te mandó don Goyo*' para que el otro inocentemente pregunte *¿Cuál don Goyo?* A lo que se le responde: '*el que te puyó el hoyo*'.

SALUDES TE MANDO PERDOMO: <u>Frase dicha en broma</u> o <u>para agraviar a alguien</u>. Y se dice en forma seria: *'Saludes te mandó el señor Perdomo'* para que el otro inocentemente pregunte *¿Cuál señor Perdomo?* A lo que se le responde: *'el que te puso los coyoles en el lomo'*.

SALVATRUCHA: Equivale a una persona <u>de origen salvadoreño</u>. La palabra salvatrucho es compuesta en parte por *'salva*doreño*'* y de *'**trucha**'* trucha aquí siendo equivalente de <u>audaz</u>.

SAMAQUEAR: Es la acción de <u>sacudir</u>. Es agitar, menear, mover. Ejemplo: *"Brayan dice. -Ya vengo, voy a miar. Byron agrega. -Te la samaqueás".* ➔ Cambio semántico: <u>Temblor</u>, <u>terremoto</u>.

SAMPARCE: La frase completa es *'<u>le gusta zamparse</u>'* es la persona que le gusta meterse en la vida ajena o chismes, en problemas, etc.

SANDÍA: A parte de la fruta es: ➔ Cambio semántico; Una <u>panza colosal</u> típica en mujeres con nueve meses de embarazo, así como también en bolos chichipates.

SANTURRÓN: Es la persona <u>que presume ser honesta y decente,</u> sin embargo, y de acuerdo a sus actos, deja muchas dudas.

SAPO: Es una persona <u>indiscreta</u>. Es un soplón, delator, dedo, etc.

SEPA PUTAS: Equivale a *'<u>yo no sé</u>'* o *'<u>quién sabe</u>'*. Ejemplo: *"Kevin dice. -Ay-andaba bien a verga don Chepe otra vez y cuando le pregunte donde estaba el carro me respondió <u>sepa putas</u>".*

SAQUENSELÁ: Dice por un jayán <u>cuando alguien grita</u> o bosteza en alto, sobre todo cuando lo hace una mujer.

SARCO: Es una <u>persona de ojos claros</u>, <u>azules</u>, <u>verdes</u>, etc.

SE ACABUCHO CARE-CHUCHO: Dicho <u>al terminar cualquier trabajo</u>, una historia o un cuento.

SE ARMÓ EL DESPIJE: Dicho <u>cuando se forma un desorden</u>, o cuando dos personas se agarran a serotazos. Sinónimos: Despije, griterío, pleito, deschongue, escándalo, desvergue, despelote, etc.

SE CONGRUENTE: Equivale 'tener sensatez'. Es cuando un amigo le pide a otro tener cordura y seriedad en sus argumentos. Ejemplo: *"Brayan enojado le dice a Kevin y Byron. -Si ustedes no me apoyan en mis broncas es porque son una mierda. Kevin serio le responde. -Mirá, primero, tu bronca con la Bessy y el Yéffry a mí me pelan tres cuartas de pija, segundo, se congruente, si te decimos lo que decimos es por tu bien, no seas pendejo".*

SE CREE LA MAMÁ DE TARZÁN: Dicho de una persona que es muy pretensiosa. Se dice de un tipo presumido, que se cree la verga de Hércules, pero a la hora de los vergazos, es sólo un fanfarrón.

SE CREE LA MERA VERGA: Es un tipo que se cree superior porque tiene una posición política, en el gobierno o porque simplemente son unos hijos de puta. Sinónimos: presuntuoso, presumido.

SE ESTÁ ZAMAQUIANDO EL SUELO: Equivale a 'está temblando'.

SE FUE DE CULO: Dicho de un susto fuerte e inesperado. Quiere decir 'irse de espaldas'. Irse de culo es algo que sorprende por una noticia o situación muy fuerte. También se dice de una persona que se cae. Ejemplo: *"El Brayan se pegó una gran emputada cuando vio al Yéffry en la fiesta de Bessy, y lo retó a darse verga y cuando peleaban allá afuera los dos se fueron de culo en un hoyo".*

SE FUE EN LA CHICAGÜITA: Equivale a equivocarse, desilusionarse, confundirse, es ilusionarse con algo que no fue, es fallar. El origen de la frase: La chicagüita es un juego mecánico en el cual se gasta tiempo y dinero porque da muchas vueltas en el mismo lugar sin avanzar un paso ni lograr nada, más que el simple entretenimiento.

SE HIZO ALELUYO: Es alguien que recién se convirtió a evangélico. En años anteriores se usaba la frase similar: 'se hizo aleluya'.

SE LA DEJÓ IR: Se dice cuando alguien castiga o escarmienta a otro por sus actos de irresponsabilidad o descuido.

SE LA LLEVA DE LA SANTA VERGA: Alguien se cree fino y decoroso cuando es un completo hijo de puta, malandro y gran serote.

SE LA PICA: Es una <u>persona engreída</u>, ya sea por sus logros personales, o sea, porque es una persona educada, un político, un doctor, etc., o por cosas materiales, ya sea por la casa que tiene, por su dinero, por su carro, etc., o por cualquier otra mierda, pero el serote se la pica.

SE LA PUSIERON: Pasado de cuando alguien <u>castigó</u> o <u>escarmentó a otro</u>. Sinónimos: Que fue encarcelado, diciplinado, que lo putiaron o insultaron, etc.

SE LAS VAN A DEJAR CAER: Advertencia de '<u>lo van a castigar o reprender</u>'.

SE LE CAYÓ LA CARA DE VERGÜENZA: Es <u>estar muy avergonzado</u>. Sinónimos: Ahuevado, achicado, agüitado, etc.

SE LE ESTÁ DESVIELANDO EL MOTOR: Es <u>un hombre afeminado</u>. Es un hombre inseguro de su sexualidad o con tendencias homosexuales.

SE LE SALIÓ LA CAJA DE LUSTRE: Es <u>la persona que insulta sin ningúna discreción ni prudencia.</u> Es alguien que pierde la tolerancia, la educación y la dignidad ante las pendejadas de otro, y lo putea usando las obscenidades más extraordinarias en el Sistema Solar. Es una putiada muy típica de trabajadores de la profesión del lustre del calzado.

SE LE VOLTIÓ EL CALCETÍN: Dicho de un hombre serio y masculino que de repente es <u>homosexual</u>. Es equivalente a la frase en inglés: '*Come out of the closet*'.

SE LO SONÓ: Se refiere a <u>le dio un gran golpe</u>.

SE LO VA A LLEVAR PUTAS: Advertencia de '<u>va a tener problemas serios</u>' y con muy malas <u>consecuencias</u>.

SE LO VA A LLEVAR LA REGIÓN DE PUTAS: Advertencia de '<u>va a tener problemas muy serios</u>' con <u>consecuencias muy graves.</u>

SE PUSO A VERGA: Equivale a '<u>se puso bien borracho</u>'.

SE PUSO AL BRINCO: Equivale a '<u>se puso a la defensiva</u>'.

SE PUSO BRAVO: Equivale a 'se puso furioso'.

SE SALIÓ EL CHUCHO: Equivale a 'se salió el perro a la calle'.

SE SALIÓ DEL HUACAL: Es alguien que rompe con las leyes, que se sale del plan, que no respeta lo estipulado por la sociedad, las normas del equipo, del partido político, del grupo religioso, de la mafia, etc., en consecuencia, es sentenciado a pagar por ese abuso y es amonestado o expulsado, y en ocasiones radicales, le pegan en la nuca.

SECO: Se dice de una persona delgada o de poco grosor.

SEDA: Se dice de algo fino, sedoso, delicado, suave, elegante, etc. → Cambio semántico: Es una persona dócil, mansa, respetuosa, etc.

SELECTA: Es la selección nacional de fútbol de El Salvador. Es esa selección de jugadores, que no necesariamente son los mejores jugadores de la Guanacia, pero no deja de ser la Selecta.

SEMEJANTE: Es una palabra que agregada a un insulto le da un tono magno y quizás una categoría distinguida. Ejemplo: Llamar a alguien serote es un insulto ordinario, sin embargo, llamarlo *semejante serote* es un insulto de alto linaje y sólo reservado a personas de tal estirpe. Tanto es así que mencionar únicamente la palabra 'semejante' es suficiente para insultar a alguien. Obviamente puede ser agregada a cualquier otro insulto. Ejemplo: *semejante culero, semejante cabrón, semejante hijo de puta, etc.*

SEÑÁ: Es una aféresis de enséñame o déjame ver, muéstrame etc.

SEROLO: Es barbarismo de serote. Dicho por alguien que no quiere sonar o verse grosero, vulgar o soez con otros.

SEREGUETE: Es barbarismo de cereguete que equivale a ano, culo, chiquito, el chiquistriquis, la wacha, etc.

SEROTAZO: Equivale a un gran golpe en el cuerpo o una cosa. También se le llama así a un accidente de carro.

SEROTE QUE SOS: Equivale a 'como eres de pendejo'. Es cuando alguien hace un error y el otro con censura le dice 'serote que sos'.

SEROTE: equivale a tonto, estúpido, maje, torpe, etc. También se usa para designar a una persona cuyo nombre se ignora. Ejemplo: "*Kevin dice. -Hey Byron, quien era el serote que iba con vos ayer. Byron responde. -Era el serote de mi hermano*". También es usada en general para denotar algo tonto. Ejemplo: "*Mirá si no sos serote Brayan, le ponés agua a las plantas, qué no ves que son de plástico maje*". Sinónimos: Pendejo, tonto, bruto, etc. ➔ Cambio semántico: heces. ➔ Cambio semántico: Es una cera que usan los zapateros para encerar los hilos con que cosen el calzado.

SHAINIAR: Equivale a dar brillo o lustre a algo. Ejemplo. "*-Apurate y chainiá los zapatos, que ya es tarde*". ➔ Cambio semántico: Es arreglarse bien para ver a la cipota, ir a la escuela, al trabajo, etc.

SHUCO: Del náhuatl '*Tshuctl*' que significa agrio o fermentado. Es un atol o Atole, bebida espesa hecha con maíz tostado. (*No confundir con chuco o sucio*).

SHUMAZO: Equivale a una gran cantidad. Sinónimos: un gran vergazo, talegazo, etc.

SHUMPA: Es una chaqueta. Anglicismo de 'jumper' o chaqueta. Es una prenda de vestir que protege del frío o la lluvia.

SI TE VI, NO ME ACUERDO: Equivalente a 'olvidemos lo que pasó'. Es uno de una pareja que decide continuar con la relación.

SIMÁS: Equivale a casi o por poco. Ejemplo: "*Simás no me encontrás*".

SIMASITO: Diminutivo de simás. Ejemplo: "*Simasito me deja el bus*".

SIMÓN: De la jerga mexicana que equivale a decir sí, o aceptar.

SIN CULERADAS: Equivale a hacer o hablar sin pelos en la lengua. Es hablar claro y sin compromisos. Es también hacer las cosas de una vez, sin excusas o inconvenientes. Sinónimos: Hablemos verga a verga.

SOBACULOS: Es una persona que adula a otro sobre todo a aquel que es superior a él. Sinónimos: Lambiscón, lisonjear, adulador, etc.

SOBADO: Es el <u>deterioro de las facultades mentales</u> que causa graves trastornos de conducta. Ejemplo: *"Byron le dice a Brayan. -Tené cuidado loco, mirá que el Yéffry <u>es sobado</u> el culero y ya hace rato que anda con ganas de pegarte en la nuca"*.

SOBARLE LOS HUEVOS AL TIGRE: Es alguien <u>que tiene mucho coraje</u> y llega al extremo de tener valor de 'sobarle los huevos a un tigre'. ➔ Cambio semántico: Es una metáfora, es dicho de la persona que <u>le gusta meterse en grandes problemas</u> con consecuencias graves.

SOBÁNDOSE LOS HUEVOS: Es <u>alguien que toma las cosas con calma</u>, sin estrés o ansiedad, con lentitud y sin ajolotamiento. ➔ Cambio semántico: Es una persona muy haragana que en lugar de trabajar o hacer cualquier cosa constructiva, se la pasa acostado en la hamaca o sentado en el sillón viendo la novela y obviamente: 'sobándose los huevos.

SOCARLA: Es <u>estar en zozobra</u> pendiente a una noticia. Ejemplo: *"El Brayan gastó sus últimas chirilicas jugando lotería, ahora se quedó sin nada, sólo le toca <u>socarla</u>"*. Sinónimos: Ansiedad, angustia, congoja.

SOCO: Palabra para referirse al <u>catarro en aves</u>. En particular en gallinas y patos.

SÓLO BOLO VENÍS: Se dice <u>cuando alguien habla tonterías o incoherencias.</u> Es cuando un amigo habla puras necedades o pendejadas y el otro irritado le responde: 'vos sólo bolo venís'.

SÓLO ESO TENÉS EN EL HOCICO: Dicho '<u>cuando una persona repite lo mismo incesantemente</u>'.

SOLO LE GUSTA VIVIR ECHADO: Es una <u>persona muy haragana</u> que se la pasa en la cama o el sillón viendo novelas o a la "Señorita Laura".

SÓLO PAJAS HABLÁS: Equivale a decir '<u>sólo mentiras dices</u>'.

SÓLO TENGO LO DEL BUS: Es una forma muy cortés de <u>negarle dinero</u> a una persona que <u>pide un préstamo</u>.

SON LA MERA VERGA: Se refiere a <u>un grupo que es mejor o superior</u>. Ejemplo: *"Kevin dice. -Viste serote, el Águila verguío al FAS otra vez, la mara del Águila son la mera verga. Brayan le responde. -Seguro que compraron al árbitro con un vergazo de chambergas y garrobos".*

SONAR: Es <u>limpiar los mocos</u> de la nariz. ➜ Cambio semántico: <u>Golpear</u>, pijiar, apalear. Ejemplo: *"Tené cuidado, ese cipote es más grande que vos, <u>te va a sonar</u>".*

SOPA LEVANTA MUERTOS: Es <u>comida que da alivio a la goma o cruda</u>. Es una sopa de res o mariscos que le da la impresión de mejoría a bolos que padecen de la goma.

SOPAPO: Equivale a <u>golpe fuerte</u> a una persona, un vehículo o cosa. Sinónimos: Talegazo, vergazo, serotazo, etc.

SOQUE LA WACHA: Es una persona <u>en estado de zozobra</u> y que debido a una circunstancia teme a las consecuencias buenas o malas. ➜ Cambio semántico: Es <u>atenerse a las consecuencias</u>.

SOQUETE: Es dicho de una persona <u>que se inmiscuye en asuntos</u> o conversaciones ajenas que no son de su incumbencia.

SORBELETA: Es un <u>helado de leche</u> o frutas. ➜ Cambio semántico: Es una persona <u>con problemas de audición</u> o <u>sorda</u>.

SOS ABUSADO: significa <u>ser inteligente</u>, audaz, eficaz. Esta palabra proviene de <u>buzo</u> que significa ingenioso o avispado (y no de abuso).

SOS ABUSIVO: Es una <u>persona que abusa</u>. ➜ Cambio semántico: Se dice de la persona atrevida, que <u>hace algo intrépido,</u> muchas veces innecesariamente y poniéndose él mismo o a otros en riesgo.

SOS BAYUNCO: Es una <u>persona que hace o dice cosas tontas</u>, ridículas o pendejas. ➜ Cambio semántico: Es <u>alguien tímido</u> o poco sociable.

SOS BIEN CHUMPE: Equivale a 'eres bien tonto'. Se refiere a una persona que, por su lentitud, por pensarla mucho o falta de agilidad pierde muchas oportunidades.

SOS BIEN VACA ECHADA: Es una persona improductiva, inactiva, desidiosa, ineficaz, inmóvil, y además, un gran serote.

SOS CHISPA: significa de ser enérgico, inteligente, vivaz.

SOS INDIO: Es dicho a una persona que se ofende o molesta por cosas insignificantes o sin importancia. ➔ Cambio semántico: Dicho a alguien que es inmaduro, caprichoso, terco.

SOS UNA ESTRELLA; Es alguien pretensioso. Dicho sarcásticamente a una persona que posee una clase muy especial de ser un hijo de puta.

SOS UN CARE-PIJA: Equivale a 'eres un tonto', es alguien de actitud tardía, lerda, apendejada. ➔ Cambio semántico: Es una persona negligente, chambona o pastelera, etc.

SOS UN GERMEN: Es una persona 'despreciable y maligna'.

SOS UN TROGLODITA: Es alguien con actitud anticuada y reaccionaria. Es también una persona aferrada a ideas o convicciones sociales, políticas y religiosas y muy renuente a cambiar de mentalidad.

SPIDER: Se refiere a orinar o echar una miada de caballo.

SUIZO: Es ser neutral, imparcial, justo, etc. ➔ Cambio semántico: Persona desentendida, o que se hace la ignorante intencionalmente. Ejemplo: *"Brayan dice. -El Kevin se hizo el suizo con el libro que le presté"*.

SURF CITY: Son centros de turismo y surfeo. La frase dicha en inglés, envuelve un proyecto que busca desarrollar lugares llamados "Surf City" y convertir playas de Ahuachapán, Sonsonate, La Libertad, La Paz, San Miguel, Usulután y La Unión en centros de turismo y surfeo.

SURUMBO: Es estar mareado, borracho, aturdido. A veces se escribe zurumbo con 'z'. ➔ Cambio semántico: Persona tonta, lenta, pendeja.

TACHAR: Equivale a <u>etiquetar a alguien</u> ya sea con un nombre positivo o despectivo. Ejemplo: *"Byron le dice a Kevin y Brayan. -Yo por eso a mi novia la tengo de la nuca para que no pispileye con otros serotes como hace la Bessy. A lo que Brayan responde. -Nombe esa chera que tenés de novia tiene una <u>tacha</u> paloma de agresiva, me contaron por ahí que ella dijo que si vos le andabas con cuentos te iba a cortar los coyoles con un cuchillo oxidado. Kevin agrega: Eso es cierto loco".*

TACOS: En El Salvador son los <u>zapatos para jugar fútbol</u>. ➔ Cambio semántico: <u>Es una tortilla doblada con comida</u>. Es un plato culinario muy popular de México.

TACUACHE: Del náhuatl *'Tákua'*, comer y *'Tsin'* que significa pequeño. Es una zarigüeya. ➔ Cambio semántico: Es un <u>ladrón</u>. Es un tipo amigo de lo ajeno o persona que se clava las cosas ajenas. Sinónimos: Tamal, ladrillo, tacuazín, mañoso, etc.

TACUACÍN: Del náhuatl *'Tákua'*, comer y *'Tsin'* que significa pequeño. Es una zarigüeya. ➔ Cambio semántico: Es un <u>ladrón</u>. Sinónimos: Tamal, ladrillo, mañoso, tacuache, tamarindo, etc.

TAL VEZ EN LA BAJADA ARRANCA: Equivale a decir '<u>vamos a ver qué pasa</u>'. También es *'a ver cómo nos va'*. Es esperar que las cosas mejoren con el tiempo.

TALACHE: Es un instrumento o <u>herramienta para romper tierra dura</u>.

TALAGUAISTAZO: Del náhuatl '*Tagualashtl*' que significa arbusto. ➜ Cambio semántico: <u>Trago de licor</u>.

TALEGA: Es una <u>bolsa o morral</u>. ➜ Cambio semántico: <u>Borrachera</u>. Ejemplo: Ay andaba el chepe <u>bien talega</u> antenoche. ➜ Cambio semántico: <u>Pene</u>, pija, pipiriche, etc.

TALEGAZO: Es <u>un golpe fuerte</u>. ➜ Cambio semántico: <u>Trago de licor</u>. ➜ Cambio semántico: Una <u>gran cantidad de algo</u>. Equivale a mucho. ➜ Cambio semántico: Una <u>lluvia muy fuerte</u>. Un talegazo de agua.

TALEGUEADA: Es una golpiza. Sinónimos: Paliza, pijiada, verguiada, etc. Ejemplo: *"Dice don Chepe muy triste. -Puta, volvió a perder la Selecta otra vez, no hacen ni una, sólo es <u>talegueada</u> tras <u>talegueada</u>"*.

TALLA: Se refiere al <u>aspecto</u> de una persona, situación o cosa. Ejemplo: *"Dice Brayan: ayer vi al Yéffry y al Henry, son un par de serotes de <u>muy mala talla</u>"*.

TALLADO: Es <u>equivalente a bueno</u>, <u>bonito</u>, valioso, agradable. Ejemplo. *"-Dice Kevin a Brayan: Ese estéreo que tenés en el carro está bien <u>tallado</u>"*. ➜ Cambio semántico: Tallada es una <u>Cerveza</u>. ➜ Cambio semántico: Una <u>talladita</u> es una <u>cerveza bien helada</u>.

TALONEAR: Equivalente a <u>rastrear</u>, <u>perseguir</u>, investigar a alguien o algo. Es estar pendiente de algo.

TAMAL: Del náhuatl '*Támalt*', un <u>alimento de maíz</u> en Mesoamérica. Es una empanada de maíz y rellena de diversos ingredientes, cocida y envuelta en hojas de plátano. ➜ Cambio semántico: Es un <u>ladrón</u>. ➜ Cambio semántico: <u>Enredo, lío o problema.</u> Ejemplo: *"Kevin dice. -Este carro si tiene <u>una clase de tamal</u> en la transmisión"*.

TAMAÑA VERGA: Para referirse a <u>algo muy grande o alto</u>, ya sea una persona, a un animal u objeto. ➜ Cambio semántico: A veces se dice 'tamaña verga' en forma irónica o burlona para referirse a algo que es más pequeño de lo regular, por ejemplo: *"Don Chepe al ver el perro Chihuahua del vecino le dice. -Tamaña verga de chucho que tenés"*.

TAMARINDO: Es un fruto. ➜ Cambio semántico: <u>Es un ladrón</u>. Sinónimos: Tamal, ladrillo, mañoso, tacuache, tacuazín, etc.

TAMBALACHE: Equivale a <u>pertenencias personales</u>. ➜ Cambio semántico: Es hacer un <u>cambio o intercambio de algo</u>.

TAMBO: Es un <u>tanque o recipiente</u> para guardar algún líquido y que generalmente es gas propano. Por otra parte, en la zona oriental de El Salvador un tambo de gas propano es llamado chimbo. ➜ Cambio semántico: Tambo es una <u>persona obesa</u> gorda o gruesa. ➜ Cambio semántico: Tambo es una <u>mujer promiscua</u>. Es una palabra muy ofensiva para llamar a una mujer que tiene muchos amantes.

TAMALIAR: Equivale a 'comer tamales'. ➜ Cambio semántico: Robar. Se refiere a la acción de sustraer o <u>hueviarse lo ajeno</u>. ➜ Cambio semántico: <u>Ser diputado o político</u> salvadoreño en exilio.

TANATE: Del náhuatl '*Tanáti*' que significa <u>envoltorio</u>. también es <u>una maleta, paquete, carga</u>, una cantidad grande, etc. Ejemplo. *"Brayan dice: Puta, si hombre, esta ranfla es un tanate de problemas"*.

TANATERO: Es la persona <u>que carga las maletas</u>. ➜ Cambio semántico: Es <u>un montón de gente</u> o cosas. Ejemplo. *"-Ay andaba un tanatero de cabrones celebrando porque la Selecta empató cero a cero"*.

TANTEAR: Es <u>evaluar o tocar algo</u>. considerar, palpar, tentar, etc.

TAPACULO: Es <u>el fruto escaramujo</u>, también llamado tapaculo por sus propiedades antidiarreicas. ➜ Cambio semántico: Es <u>el novio o pareja de un hombre homosexual</u>.

TAPUDA: Es una persona <u>chambrosa o chismosa</u>. Es esa persona que con mucha diversión y orgullo se encarga de hacer la regazón de chambres en la colonia, el barrio, la escuela, etc.

TASTASEAR: Es la acción de <u>golpear de forma incesante</u>.

TATARATA. Equivale a <u>persona que tartamudea</u>, que titubea en forma nerviosa duda, que es indeciso, vacilante, etc.

TATE-QUIETO: Aféresis de 'estate quieto'. Ejemplo: *"Una madre le dice a su hijo; Tate quieto o te voy a cachimbiar mono"*.

TA-VERGÓN: Dicho como modo de aceptación, de estar de acuerdo.

TE LA BAJÓ: Equivalente a 'te la quitó' o 'te la robó'.

TE LA VAN A COLOCAR: Equivale a 'te vas a meter en problemas'. Es una advertencia de no hacer algo para evitar malas consecuencias. Ejemplo: *"Kevin le dice a Byron. -Si estás chupando birrias no manejés serote, mirá que si te para la jura te la va a colocar"*.

TE LA VAN A DEJAR CAER: Es una advertencia a tener cuidado y evitar hacer algo inapropiado porque las consecuencias podrían ser brutales. Ejemplo: *"Kevin le dice a Brayan: No te metás en chambres de política cuando y menos de choto, te la van a dejar caer serote"*.

TE LA VAN A METER DOBLADA: Es doble advertencia de 'te vas a meter en problemas'., Es un consejo para no ir a un vecindario malo, o que, si hacés algo ilegal la policía te va a joder, o que te van a aplazar en clase, te van a despedir, etc.

TE LA VAN A PONER: Es una advertencia a 'te vas a meter en problemas'. Ejemplo: *"Mejor no andés enamorando a esa chava, mirá que su papá te la va a poner"*.

TE LA VAS A COMER: Es una advertencia a 'te vas a meter en problemas'.

TE VAS A SOMATAR: Equivale a 'cuidado que te vas a caer'. Ejemplo: *"Una madre le dice a su hijo. -Bajate de la mesa cipote terco, no ves que te vas a somatar'*.

TE QUEDA COMO CUTURINA: Equivale a 'esa camisa te queda bien pequeña'.

TE TIENEN DEL CULO: Tener a alguien sometido. Tener a alguien controlado y sumiso, fiscalizado, amenazado, censurado, etc.

TE VA A ARDER EL CHIQUITO: Advertencia a no <u>comer mucho chile</u>.
➔ Cambio semántico: <u>E</u>quivale a <u>'te vas a meter en problemas serios'</u>.

TE VA A ARDER: Es una <u>advertencia a que no hagas algo</u>. Pero si la lo hiciste, te va a doler, así que ahora socala.

TE VOY A VOLTIAR LA TROMPA: Es una advertencia a que dejés de hacer lo que hacés o <u>te voy a voltiar la trompa diun sólo talegazo</u>.

TENÉS UNA SOLITARIA: Te dice un amigo <u>cuando te ve bien flaco</u>. Ejemplo: *"Byron le dice a Brayan: Puta loco, estás bien peche, ¿qué tenés una solitaria? Kevin burlándose dice. -Nombre, a este loco el encule con la Bessy lo tiene todo chupado"*.

TE ZUMBAN LAS PATAS: Es equivalente a <u>'te huelen los pies'</u>.

TE VAN A QUEBRAR EL CULO: Equivale a <u>'te van a matar</u>. También quiere decir que te harán daño físicamente. Sinónimos: Te van a verguiar, te van a taleguiar, te van a zampar verga, etc.

TECLA: Abreviatura de <u>Santa Tecla</u>. Es una ciudad limítrofe con San Salvador. Fue nombrada en honor a Tecla, una mujer asistente de Pablo de Tarso, uno de los escritores y evangelizadores de la Biblia.

TEMBELEQUE: Es alguien que está <u>temblando de miedo</u>, temor, nerviosismo, etc. ➔ Cambio semántico: <u>Delgado</u>, flaco, seco, etc.

TEMPLAR: Dicho de <u>morir o fallecer</u>. ➔ Cambio semántico: <u>Templar</u> o <u>destemplar</u> de dientes, es dolor o sensibilidad en los dientes por comer mucho mango tierno u otro alimento con ácido cítrico. ➔ Cambio semántico: Tener <u>templado</u> (parado) el órgano sexual masculino.

TENÉ CUIDADO: Equivale a <u>ten cuidado.</u> *"Kevin dice. -No dejés las herramientas allá fuera, mirá que hay andan un chingo de tamales"*.

TENER COYOLES: Equivale a <u>tener coraje</u> o valor. Sinónimo: Tener huevos, ponerle güechos, etc.

TENER CUELLO: Se refiere a <u>tener influencias</u> o ser relacionado.

TENER LECHE: Es la persona con <u>buena suerte</u> o buena fortuna.

TENER PAPA: Se refiere a <u>tener dinero</u> , propiedades o chirilicas.

TENGUERECHE: Es <u>una lagartija</u> o pequeño reptil en forma de lagarto.

TERENGOS: Del náhuatl *Tetélkik'* que significa <u>agrio</u>, tierno o verde. ➜ Cambio semántico: Son Terengos los miembros del FMLN.

TETELQUE: Dicho de <u>una fruta verde o tierna</u> que tiene sabor agrio por no haber madurado suficientemente.

TETUNTAZO: Se refiere a un <u>golpe muy fuerte en la cabeza</u> con una piedra o cosa similar. Ejemplo: *"Byron llega al taller medio asustado y le dice a Kevin y Brayan. -Horita que venía por el edificio 53, me salió el chollado del Henry, y por atrás me arrió un* <u>*tetuntazo*</u> *en la chirimola, de pura chiripa no me mató el serote"*.

TETUNTE: Del náhuatl *'Tetunttl'* que significa <u>piedra pequeña</u>. ➜ Cambio semántico: <u>Cualquier cosa pequeña</u> en particular una piedra. Ejemplo: *"Iba caminando allá por la cancha y no sale el loco Toño y me arrió un tetuntazo, casi me pega en la ñola"*.

TICAMAN: Equivale a <u>'manos arriba'</u>. Del Anglicismo *'Stick your hands'*.

TICO: Persona <u>originaria de Costa Rica</u>.

TICUIZO: Es una persona <u>tacaña</u>, codo, ávaro, egoísta. ➜ Cambio semántico: <u>Un recién nacido</u>, niño, joven, se usa Ticuizo también en animales (cachorro).

TIENE BUENA MÁSCARA: Equivale a '<u>tiene una cara bonita</u>'. ➜ Cambio semántico: En el caso de una entidad, negocio o compañía quiere decir '<u>tiene buena presentación</u>'.

TIJEREAR: Se refiere a <u>hablar mal de una persona en su ausencia</u>.

TILE: Del náhuatl '*Til*', que significa <u>humo</u>, hollín, se le dice también al <u>residuo</u> o <u>polvo negro</u> que despide el humo de leña o carbón. Ejemplo: *"Brayan dice. -Ayer la mamá de Bessy estaba enputada con ella, es que yo la estaba amasando allá por la casa de la señora que hace las tortillas y se le pusieron las nalgas todas <u>tilosas</u>".*

TILICHE: Del náhuatl *Tilitl*'. Que significa <u>trapo viejo</u>, <u>cosa inservible</u>. Se usa en general para referirse a los pocos chunches que uno posee. Ya sea ropa, cacerolas, cuchumbos, bacinicas, herramientas o similares que se usan en los oficios u ocupaciones laborales. ➔ Cambio semántico: <u>Tiliche</u> también se usa para referirse al <u>órgano sexual masculino</u>. Ejemplo: *"Brayan llega al taller para iniciar su día de trabajo y le dice a Kevin y Bayron. -Me voy a cambiar de ropa, no me vean, porque si me ven el <u>tiliche</u>, se van a enamorar de mí".*

TILINTE: Se le dice a alguien que camina con <u>el cuerpo muy rígido</u> o tieso. También se dice de algo que está <u>muy estirado o tenso</u>. Ejemplo: *"Kevin se ríe y dice. -Mirá al Brayan como <u>quedó de tilinte</u> después de bañarse con el agua fría".*

TIMBA DE BOLO: Es una persona con <u>estómago muy imponente</u> y característico de un borracho, bolos o chichipate. Sinónimos: Panzón, tripudo, soplado, etc.

TIMBA: Se refiere a un <u>estómago coloso</u>, muy típica en los bolos y la mara que consume pupusas en cantidad industrial. ➔ Cambio semántico: <u>Timbona</u> es una mujer embarazada.

TIPERÍA: Se dice de alguien que <u>viste muy fino y elegante</u>.

TIRRO: Para referirse a <u>una cinta de papel adhesiva</u>.

TODÓLOGO: Es alguien que <u>se considera sí mismo un sabio</u>, un filósofo, un sabetodo. Es un ilustrado en todo tipo de materia y por ende un perito en la ciencia de 'todología'. Este tipo de fenómeno puede ser observado en personas que sufren del síndrome de la prepotencia o pretenciosidad, pero muy típico de bolos chichipates, personas con demencia, en algunos políticos y religiosos, etc.

TOCHO-MOROCHO: Si a la comida se refiere, esta incluye a todos los colores y sabores'. ➔ Cambio semántico: Se usa tocho-morocho al referirse a una persona bisexual, en otras palabras, que le gusta de todo.

TOLOLO: Dicho de una persona obesa. Sinónimos; Cholo, cholotón, tripudo, soplado, galán, pija de lomo, etc.

TOLOLOCHE: Se le llama al guitarrón. Es un instrumento en forma de guitarra grande que se usa como bajo en mariachis, chanchonas y sinfónicas.

TOPAR: Es equivalente de acorralar, apresar, atrapar. Ejemplo: *"Kevin dice. -Brayan, andá probá el carro para ver como quedaron los frenos, pero llevá tu licencia para que no te vaya a topar la jura".*

TOQUE: Es un inhalo de cigarrillo de marihuana. Ejemplo: *"Kevin dice. -Yo no entiendo la ley, el licor es legal y a consecuencia se enferman y mueren miles al año, en contraste, la marihuana es mucho más sana y provoca menos muertes, sin embargo, es ilegal. Byron dice. -Ahuevo, es puro negocio, tengo tres tíos que murieron de cirrosis".*

TORCIDO: Es estar de mala suerte. Es estar en un permanente infortunio. Sinónimos; Adversidad, desventura.

TORTA: Es un pan dulce. ➔ Cambio semántico: Vagina. ➔ Cambio semántico: Destruir aplastar o atortar, chocar, etc. Ejemplo: *"Kevin le dice a Brayan. -Andá manejá el carro para ver si corre bien, pero no lo vayás a hacer torta serote".*

TORTILLERA: Se refiere a la persona que hace o vende las tortillas. ➔ Cambio semántico: Lesbiana. La razón de este calificativo es porque uno de los tantos nombres de la vagina es 'torta', y la acción de dos mujeres al tener sexo es similar a la acción de hacer tortillas o tortear, que es parecido a la acción de aplaudir.

TOSTADO: Para referirse a alguien que ha fumado mota o marihuana.

TOTOPOSTE: Pastelito de maíz tostado. ➔ Cambio semántico: En San Salvador son llamados así los testículos. ➔ Cambio semántico: En San Miguel es alguien viejo y de aspecto descuidado.

TOTORECO: Es una persona tonta, apendejada, torcida.

TRABAZÓN: Es tráfico muy pesado. Es el tráfico que está detenido.

TRABÓN: Se le dice a una apuñalada. Es una lesión con arma blanca.

TRAJEADA: Es una persona que viste fina o elegante.

TRANZA: Es hacer negocios inapropiados o ilícitos.

TRAPEADA: Es reprender fuertemente. Es una gran puteada o insulto.

TRASTEAR: es buscar o registrar algo. Es escudriñar, rebuscar, inspeccionar. ➔ Cambio semántico: Es manosear a la novia en un amase serio.

TRASTES: Son los platos para comer, vajilla, servicios, etc.

TRATADA: Equivale a un insulto de grandes dimensiones o como se dice popularmente, *una putiada de carretonero*. Ejemplo de tratada es: *Hijo de sesenta y cuatro mil ochocientas noventa y cuatro putas.*

TRINCHE. Dicho en la zona oriental de ES, equivale a tenedor.

TRIPUDO: Dicho de una persona con una panza monumental, o también de una mujer que está preñada. Sinónimos: Chancho, cholotón, soplado, etc.

TROMPETA; Se refiere a la boca, hocico, jeta, bovina, etc. ➔ Cambio semántico: Para referirse al presidente Trump.

TROMPEZAR: Usado a veces en lugar de tropezar.

TROMPUDO: Es una persona con la boca grande. ➔ Cambio semántico: Persona que anda enojada. Que está muy molesta.

TRONCHAR: Es <u>impedir que se realice</u> algo. Es <u>truncar un árbol</u>. ➔ Cambio semántico: Es <u>ser arrestado</u> por la policía.

TRONCHO: Es algo <u>muy bueno</u>, agradable, bonito, excelente, etc. Ejemplo: *¡Mirá qué troncho está el día!*

TRONCO: Es algo <u>muy bueno</u>, agradable, bonito, excelente, etc. Ejemplo: *"Kevin le dice a Brayan: Mirá esa Toyota, esa si es <u>una tronca de nave</u>".*

TRUCHA: Se dice de <u>alguien vivaz</u>, alerta, muy dispuesto, audaz, etc.

TUFOSA: Es una persona <u>muy engreída</u>, presumida, delicada y para variar una hija de la gran puta.

TULLIDA: Es una <u>persona tonta</u>, deprimida, desanimada, etc.

TUMBLIMBLI: Es un <u>insulto fino y musical</u> que significa '<u>la vieja</u>', '<u>tu madre</u>' o 'tu abuela'.

TUMBOS: Son las <u>olas del mar</u>, de un lago o rio.

TÚMULO: Es un obstáculo elevado o alomado que se pone a través de una calle para limitar la velocidad de los vehículos. En otros países: túmulo en México es 'tope', en República Dominicana es 'policía acostado', en Sur América es 'lomo de burro', en Cuba 'guardia tumbao'.

TUMULTO: Es una gran <u>cantidad de gente</u>. Es un gentillal, multitud, etc. Ejemplo: *"Mientras almuerzan Brayan Bayron y Kevin, este último dice riéndose a Bayron. - Ayer, el Brayan se iba a dar verga con el Yéffry allá afuera, vieras el <u>tumulto</u> de hijos de puta que se hizo para ver el vergazeo".*

TUNCO: Es <u>un cerdo</u>. ➔ Cambio semántico: Dicho de una <u>persona que actúa en forma grosera o indecente</u>.

TURBIO: Es una persona de <u>malos modales</u> o intensiones. Es alguien que hace una pandeada deliberadamente.

TURULATO: Es una <u>persona lerda</u>, lento, de escaso juicio o entendimiento.

TUSA: Del náhuatl *'Tuzal'* que significa <u>hojas de la planta de maíz</u>, ➔ Cambio semántico: Mujer fácil. ➔ Cambio semántico: Dinero en billetes.

TUSQUIA: Significa <u>arrebatar o quitar algo.</u> En El Salvador existe entre amigos el contrato de *'valerse de la tusquia'*. (o arrebato), en el que las personas en el contrato tienen el derecho recíproco de arrebatarse cualquier cosa, y la víctima del <u>arrebato</u> se compromete a no pedir de regreso ni joder por las cosas arrebatadas, sin embargo, la palabra 'tusquia' debe ser dicho segundos antes del arrebato, para que este sea válido y sin consecuencias.

TUTUMUSA: Para referirse a <u>la cabeza</u>. Sinónimos: Chontoca, chibola, cráneo, chirimoya, etc.

TÓXICO: Es una <u>persona intolerante</u>, <u>prejuiciosa</u> e <u>infeliz</u>, que, ya sea deliberadamente o no, opta por censurar y ofender sin escrúpulos a alguna manera a alguien. Sinónimos: malicioso, malacate, cacaso, etc.

TUSTACAS: Es una <u>tortilla dulce y dura</u>, típica del oriente de El Salvador. Es hecha con harina de maíz maduro, manteca y sal, cubierta de caramelo o dulce de atado o panela.

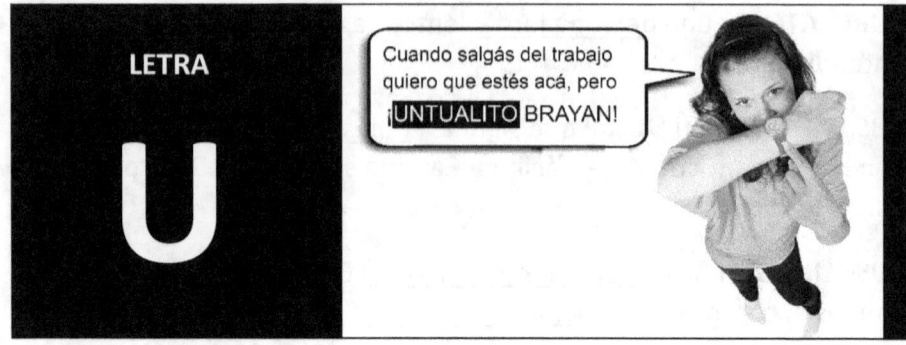

U: En El Salvador se dice simplemente 'la U' para referirse a la universidad.

UN GRAN VERGO: Es una medida cuantitativa que indica una gran cantidad. Sinónimos: Un gran pijo, un penco, un talegazo, un vergazo, montón, un gran cachimbo, un gran serotal, etc.

UN PECHITO: Equivale a un colón, de la que fuera moneda nacional de El Salvador, y en el presente a un dólar. Procede de un pesito.

UN SEGUNDO DE SILENCIO: Cuando sucede 'algo grande, pero sin importancia personal'. Ejemplo: *"Kevin dice. -Puta, mataron en la película al tipo este que, aunque era bien serote, era buena onda, por eso, por respeto, pido un segundo de silencio"*.

UN TALEGAZO DE AGUA: Equivale a una lluvia muy fuerte. Sinónimos: Vergazo de agua, una pija de diluvio, ay viene Elver (corto de 'el vergazo de agua'), etc.

UNA BABOSADA: Es algo sin valor o importancia.

UNTAR: Es sinónimos de embarrar. ➔ Cambio semántico: Es implicar a alguien en un asunto delicado, comprometido, delictivo, etc. Ejemplo: *"Brayan dice enojado. -Yo ya le dije al culero del Yéffry que, si viene acá al taller, que todos le vamos a montar verga. Byron agrega. -Puta loco, ¿pero porque nos untás a nosotros en ese tu despije bayunco que te tenés con el Yéffry?"*

UTUAL: Equivale a decir '<u>ahora mismo</u>'. A veces se dice 'untual'.

UTUALITO: Equivale a decir '<u>en este mismo momento</u>'. Sinónimos: Inmediatamente, ya, ahorita, etc. También a veces la gente dice 'untualito'.

Empujemos el picacho en vaca...

VÁ: Barbarismo de 'verdad'. Se utiliza con diferentes propósitos. Ejemplo: *"Dice Byron a Brayan. -Ayer vino la Bessy buscándote. Byron mira a Kevin y le pregunta. - ¿vá vos? Kevin responde. - Creo que sí".*

VÁ-VOS: Barbarismo de <u>verdad vos</u>. Ejemplo: *"Byron dice. -Hay vino el Yéffry buscándote Brayan, diciendo que te esperaba allá afuera para darte verga. Brayan lo ve incrédulo, Byron mira Kevin para que él le corrobore preguntándole. - ¿Va vos?"*

VACA: Para referirse a una acción <u>que se realiza en grupo</u>. Ejemplo: *"Kevin le dice a Brayan. -Pero no te preocupés Brayan, si el Yéffry te monta verga, cuando te tenga topado en el suelo, el Bayron y yo le vamos a <u>caer en vaca</u> a darle pija".*

VACIL: Equivale a salir a dar <u>un paseo</u>. De vacilar o pasear. ➔ Cambio semántico: <u>Br</u>omear. Cuando alguien te bromea, se dice 'te <u>está</u> <u>vacilando</u>'. ➔ Cambio semántico: <u>Mentiras</u>. ➔ Cuando alguien te miente, se dice 'tenele cuidado a este vato porque sólo es vacil'.

VALE PIJA: Esta frase equivale a '*<u>A mí no me importa o no me</u>* *<u>interesa</u>*'.

VALE VERGA: Esta frase equivale a '*<u>A mí no me importa o no me</u>* *<u>interesa</u>*'.

VALEVERGUISTA: El valeverguisno es el mandamiento fundamental del MVS o *Movimiento Valeverguista Salvadoreño*. Su mensaje universal de *'A mí me vale verga'*, es una ideología o "forma de vivir" practicada en El Salvador por los adherentes del MVS, la cual se caracteriza por el sentido de aceptación, de tolerancia y conformismo. Es la idea de aceptar a otros como son, de aceptar la vida como es, con el objetivo de eliminar el estrés, las angustias y afliciones de la vida. Por otro lado, eruditos consideran al valeverguisno como una fusión o síntesis de varias culturas y tradiciones entre estas la MGM (*Mara Guanaca Motera*), y que a pesar que tiene diversas raíces y filiales a nivel nacional, no tiene ningún fundador oficial. A pesar de varios argumentos, algunos expertos señalan que el valeverguisno en el país tiene cuatro o cinco décadas de existir, y sus orígenes indican que se localiza en la colonia Zacamil de Mejicanos, El Salvador.

VALIENDO VERGA: Equivale a 'estamos mal'.

VELAR: Es hacerla de vigilante, custodio o guardián a alguien o algo.
→ Cambio semántico: Lamebotas, es un lambiscón, un adulador, etc.
→ Cambio semántico: Velón es aquel que le ruega a otro algo.

VAMOS A BAJONIAR: Equivale a vamos a comer.

VA PUEJ: Abreviación de vaya pues o vamos pues.

VARADO: es un carro o persona detenida o sin poder avanzar. →
Cambio semántico: Es estar sin dinero.

VASCA: Equivale a vomitar. Sinónimos; Echar el zope, zopilote, buitre.
NOTE: También se escribe en forma alterna con B grande 'basca'.

VATO: De la jerga mexicana, Este término se refiere a un hombre.

¡VÁYASE MUCHO A LA MIERDA!: Equivale a ¡Váyase de acá! Dicho generalmente después de un alegato furioso, una disconformidad, desacuerdo o argumento.

VE QUE DIÁVERGA: Frase que indica descontento y rechazo a lo que otro hizo en forma abusiva o aprovechada.

VEÁ-VOS: Barbarismo de la palabra <u>verdad vos</u>. Equivale a 'fíjese usted'. Vocablo original es 'verdad vos'. Ejemplo: *"Puta, la Selecta no ve una, <u>veá-vos</u>, es sólo verguiada tras verguiada, <u>veá-vos</u>"*.

VENDAJE: Equivale a recibir o <u>dar algo extra</u> <u>al comprar mercancía</u>.

VERGA A VERGA: Equivale a '<u>de cara a cara</u>' o '<u>sin pelos en la lengua</u>'. Dicho cuando uno demanda sinceridad de otra persona.

VERGATÓLOGO: Se le llama así al <u>urólogo</u> o doctor de próstata.

VERGAZAL: Es una <u>cantidad enorme</u> de gente, cosas o animales.

VERGO DE GENTE: Es una <u>cantidad enorme</u> de gente. Es una multitud.

VERGO DE TAMALES: Lugar donde hay <u>muchos ladrones</u>.

VERGO: Es una <u>cantidad enorme</u> de gente, cosas o animales.

VERGÓN: Equivale a <u>muy bien</u>, <u>excelente</u>. Fuera de la connotación sexual, se usa generalmente para mostrar <u>una cualidad extraordinaria de algún evento</u>, <u>situación</u>, <u>lugar</u>, <u>cosa</u>, o <u>persona</u>. Sinónimos: bueno, Bien Chivo, talegón, chingón, palomísimo, de toque, nais, etc.

VERGONÍSIMO: Para referirse a <u>algo extraordinariamente bueno</u>. Ejemplo: *"Kevin le pregunta a Brayan: Para vos Brayan, ¿Cuál es el jugador más vergonísimo de la historia? Brayan sin pensarlo dice: Messi. Kevin mira a Byron y le pregunta. - ¿Y para vos Byron? Byron dice. -¡Pelé, ahuevo! Después de reflexionar por un momento Kevin dice enfáticamente. -Los dos ustedes son un par de serotes, porque el jugador que se llevó la copa del vergonísimo en la historia es Maradona"*.

VERGUEAR: Equivale a <u>golpear a alguien</u>. También se dice verguiar.

VERGUÉSIMA: Es una <u>unidad de medida</u>. Es una <u>cosa muy pequeña</u>. Es cada una de las mil partes iguales en que se dividen ciertas unidades de medida, en este caso una verga. Ejemplo: Una vez dijo el gran pensador Chepe Toño que, si una verga se divide en 100 verguímetros, un verguímetro entonces se divide en 100 <u>verguésimas</u>.

VERGUIADO: Es estar muy cansado, fatigado. ➔ Cambio semántico: Es ir a prisa, correr, ser veloz. ➔ Cambio semántico: Algo complicado.

VETERANO: Equivale a un señor mayor de edad y este no es necesariamente veterano de guerra. Sinónimos; Viejo, ruco, vetarro.

VIGIAR: Es estar atento o vigilar a alguien o algo, es cuidar, inspeccionar, observar o velar a alguien o algo. Ejemplo: *"Kevin le dice a Byron. -Hey Byron, voy a ir a comprar el almuerzo con el Brayan, quedate vos vigiando el taller"*.

VIL STREET: Es estar en completa lipidia o pobreza y encima vivir en un vecindario cacaso o malo, un lugar donde abundan los tamales.

VIOLA: Es tener una pansa de tamaño monumental o es estar embarazada. Ejemplo: *"Brayan está con Bessy cerca de su casa, de pronto su amiga Josselyn llega y Bessy le dice sonriendo. -Hola Josselyn, mirá que viola que tenés, ¿y cuando vas a dar a luz? Josselyn responde. -En un mes"*.

VIRADO: Es algo que está torcido o de lado. ➔ Cambio semántico: Es moverse rápido, correr o ser veloz. Ejemplo: *"Kevin le dice a Byron. -Andá comprame unas latas de aceite de motor, pero andá virado"*.

VIRGO: Es la persona que hace o dice cosas tontas o inmaduras. Ejemplo: *"Brayan le dice a Kevin: No sé porque, pero la Bessy me mira bien culero. Kevin pregunta: ¿Qué putas hiciste? A lo que Brayan agrega: Nada, nada más ayer que me puse a bailar reggaetón frente a su casa, ¿vos crees que sea eso? Kevin responde. -Puta si sos virgo serote"*.

VIROTE: Se refiere a un palo largo y delgado para guiar a un animal. ➔ Cambio semántico: Equivale a poner en uso algo, a sacarle provecho a algo. Ejemplo: *¡Vámonos a darle virote al carro!* También se puede decir: *"Mirá al don Chepe, ay-anda enamorando a la mujer que encuentra, ese viejo anda con ganas de darle virote al pipiriche"*.

VIVIÁN: Dicho de una persona: aprovechada o que saca beneficio injusto y en forma deliberada de alguien. Sinónimo: Vividor, tramposos, estafador, etc.

VIVIR A COYOL QUEBRADO COYOL COMIDO: Equivale a 'vivir de cheque a cheque'. En otras palabras, es vivir con lo poco que se gana y sin poder ahorrar. ➔ Cambio semántico: Despilfarrador. Es alguien que generalmente es muy pretencioso y gasta lo que gana en puras pendejadas para pretenderle a otros que tiene billete y no ahorra para los tiempos difíciles o de lipidia.

VOLADO: Equivale a cualquier cosa. Se usa para referirse a algo cuyo nombre se ignora. Ejemplo: *"Haceme un favor, pasame ese volado"*. ➔ Cambio semántico: Es una noticia, historia o chisme: Ejemplo: *"Mirá te voy a contar el volado, pero no lo andés regándolo por-ay"*. ➔ Cambio semántico: Evento o situación. Ejemplo: *"Nombre, ese volado que se armó está serio,"* etc. NOTA: Muchas veces se usa bolado en el lugar de volado.

VOLAR PIJA: Se refiere a trabajar. Es trabajar arduamente.

VOLAR VERGA: Se refiere a trabajar. Es trabajar arduamente.

¿VOS AGUANTÁS?: Equivale a ¿Lo crees vos? Y es cuando un amigo le pregunta a otro si cree en algo que suena dudoso.

VOS ANDA VER QUE ONDAS: Equivale a 'andá a averiguar que pasa'.

VOS ANDA VER QUIEN TE PISA: equivale a 'andate a la mierda'.

VOS COME MIERDA SEROTE: Equivale a 'a mi no me jodás con tus cuentos'.

VOS NO ME ENTENDÉS: Equivale a 'tú no me entiendes".

VOS PELAME LA PIJA: Equivale a 'no me molestés'.

VOS PELÁMELA: Equivale a decir 'a mí no me molestés y vete'. Es dicho generalmente con cierta incredulidad y enojo.

VOS SÓLO BOLO VENÍS: Se dice cuando alguien habla tonterías o incoherencias. Es cuando un amigo le habla puras necedades o pendejadas y el otro le responde: 'vos sólo bolo venís'.

VOS SÓLO A PIJA VENÍS: Se dice <u>cuando alguien habla tonterías o incoherencias.</u> Es cuando un amigo le habla puras necedades o pendejadas y el otro le responde: '<u>vos sólo a pija venís</u>'.

VOS SOS QUESO: Equivale a '<u>eres muy inteligente</u>'.

VOS SOS UN INDIO: Equivale a '<u>eres muy terco o caprichoso</u>'.

VOS SOS UN SEROTE: Equivale a '<u>eres muy tonto</u>'.

VOS SOS UN PATÓGENO: Es una persona '<u>despreciable y maligna</u>'.

VOS TE PELÁS: Equivale a '<u>eres loco</u>' o 'eres <u>un maniático</u>'.

VOS TE PASÁS: Equivale a '<u>portarse en forma incoherente</u>' o hacer cosas inapropiadas o innecesarias.

VOY A CAER: Equivale a '<u>sí, voy a ir</u>' o 'voy a llegar'.

VUELTO: Para referirse al <u>sobrante o cambio de un gasto</u>.

La W es una consonante del alfabeto español desde 1969, pero como seguro sabes no es una letra que pertenezca a la escritura en español, ya que solo la usamos para escribir palabras que provienen de otros idiomas, en particular el inglés, como wachar (ver), Walter, William, Wilberto, Wendy, Web, website, webpage, etc.

WACHA: Es una <u>arandela</u>. Anglicismo proveniente de '*Washer*'.

WACHAR: Es mirar. Anglicismo proveniente de '*Watch*'.

WAO: Expresión de asombro. Anglicismo proveniente de '*Wow*'.

¡YA COMIÓ ZOMPOPOS!: Para referirse a un joven en pubertad particularmente de un hombre adolescente cuando su voz cambia de niño a voz de hombre o profunda.

¿Y DIONDE?: Proviene de la frase '¿de dónde?' y equivale a *'¿De dónde va a sacar si no tiene nada?'* A veces sólo se dice '¿dionde?'

¿Y QUIEN FUE EL INTELIGENTE?: Se dice frente a <u>algo mal hecho o dicho</u>. Generalmente ocurre al presenciar alguna burrada que alguien hizo o a dicho. Ejemplo: *"Kevin dice irritado. -¿Quién fue el inteligente que puso sal en el bote del azúcar? Byron dice. -Yo loco, pero es que no hay otro bote que sea diferente, todos son iguales. Brayan agrega. -Puta por lo menos deberías ponerle nombre gran serote".*

YA DOBLÓ EL PICO: Para referirse a una <u>persona que ya se durmió</u>. Ejemplo: *"Brayan le dice a Kevin: Ahora vuelvo loco, voy al baño. Kevin le responde muy serio. -Vergón, pero ya no doblés el pico otra vez, acordate que ya son dos veces en esta semana que te encuentro durmiendo sentado en el inodoro gran culero"*.

YA ME TENÉS A PICHINGA: Equivale a '<u>me tenés cansado</u>' o también puede ser 'me tenés mareado'.

YA ME TENÉS A VERGA: Equivale a '<u>me tienes cansado con tus cosas</u>'. Esta frase es generalmente dicha por alguien muy molesto.

YA PARECE VOLKSWAGEN: Equivale a '<u>parece un hombre homosexual</u>'. Es para referirse a un hombre que actúa afeminado. Es una alegoría al carro Volkswagen porque tiene el motor atrás.

YA SE HIZO ALELUYO: Para referirse a <u>cristianos protestantes</u>. Es la persona que recién ha adoptado una de las docenas de diferentes congregaciones religiosas recién importada de los Yunáis (Estados Unidos), luego se la pican de santos y divinos. Ejemplo: *"Byron le comenta sus compañeros. -Ayer que iba de regreso a la casa me encontré al Chele Charamusca y le pregunté qué hacía y me dijo que se había hecho cristiano y que ya no hablaba con mundanos. Kevin sonríe y agrega. -Como podés ver ahí, el Chele Charamusca ya se hizo aleluyo"*.

YA SE LA PUSIERON: Dicho <u>cuando una persona es castigada</u>, como cuando es reprendida o despedida del trabajo, cuando una persona es asaltada o verguiada por malandros, cuando le dan una multa de tráfico o esquela, o es arrestado por la policía, etc.

YA SE SALIÓ DE LA OLLA: Dicho <u>cuando una persona es rebelde</u>, y no cumple con las normas establecidas en la familia, de la pareja, del grupo, de la sociedad o del gobierno, etc., y hace algo que va en contra de las estipulaciones que han sido de antemano aceptadas.

YA TE PASARON EL HUACAL: Equivale a decir ¿<u>ya pagaste tu cuenta</u>? Dicho en sentido figurado cuando vas a pagar el recibo del agua, de la electricidad, el teléfono o <u>cuando das la ofrenda en la iglesia</u>.

YA TE PASARON EL BALDE: Equivale a decir ¿ya pagaste tu alquiler? Dicho en sentido figurado cuando vas a pagar el recibo de la renta o la hipoteca de la casa.

YAGUAL: Se refiere a una almohadilla redonda de tela que sirve para amortiguar una carga que se lleva sobre la cabeza. ➜ Cambio semántico: Se refiere a la Vagina.

YA ESTÁ PAL-TIGRE: Para referirse a algo muy viejo, usado, desgastado, desbaratado, destartalado, etc.

YINA: Para referirse a una sandalia, chanclas o chancleta.

YOYO: Es un juguete de madera compuesto por dos discos y un cordel. ➜ Cambio semántico: Es alguien adulador o lambiscón.

YUCA: ES es un tubérculo de raíz comestible de piel dura y marrón y de carne almidonada y blanca. ➜ Cambio semántico: Situación dura o difícil. Sinónimos: Complicado, complejo, etc. ➜ Cambio semántico: Fuerte, poderoso, intrépido, audaz. ➜ Cambio semántico: Pene.

YUNÁIS: m. Es un anglicismo. Adaptación morfológica de 'united' y utilizada como sinónimo de 'United States'.

YUNTA DE CABRONES: Frase para referirse a un grupo de personas. Esta frase es similar a la jerga mexicana 'bola de cabrones'.

Mirá Kevin... ¡Qué zumba que tiene ese sapo serote!

LETRA

Z

ZACATEAR: Se refiere a <u>comer en un restaurante vegetariano</u>. Es la acción de comer vegetales o zacate.

ZACATERO: Para referirse a <u>una persona vegetariana</u>. ➔ Cambio semántico: Es <u>un marihuanero</u>, es el que fuma zacate.

ZACATEADO: Para referirse a <u>una persona bien comida</u>, alimentada. ➔ Cambio semántico: Es una persona enmarihuanada, es alguien que '<u>está tostado</u>'. ➔ Cambio semántico: <u>Es salir a prisa</u>, huyendo, correr.

ZAFARRANCHO: Se refiere a <u>un desorden</u>, escándalo, despije, desvergue, etc.

ZAFARSE: Equivale a <u>escaparse</u>, <u>deshacerse de algo</u> comprometedor, es huir, escamotearse, pegar guinda, etc. Ejemplo: *"Brayan le dice a Kevin. -Ayer que iba por el edificio 63, vi al serote del Yéffry, y cuando me vio medio enputado, decidió mejor zafarse"*. Sinónimos: Esquivarse, chiviarse, es excusarse, evitarse, etc.

ZANCUDO: Se refiere a <u>un mosquito.</u> ➔ Cambio semántico: Es un <u>banco o silla</u> alta de tres o cuatro patas.

ZANGOLOTE: Se refiere a <u>una agitación</u>, es un alboroto, tumulto. ➔ Cambio semántico: Es el <u>alcohol diluido con agua</u>. Es cuando el chichipate anda en lipidia y necesita extender la reserva de licor y por eso al guaro le agrega agua para que abunde.

ZAPOTAZO: Se refiere a un golpe fuerte. Sinónimos: Vergazo, pijazo, talegazo, etc. ➜ Cambio semántico: Una vagina grande, del sinónimo de vagina o zapote. Ejemplo: *"Clase de zapotazo que tiene esa mujer"*.

ZAPOTE: Es la fruta. ➜ Cambio semántico: Para referirse al dinero. ➜ Cambio semántico: La vagina.

ZARZETA: Se refiere a una persona necia o terca.

ZEREGUETE: Para referirse al ano, el culo o trasero, el chiquillo, la wacha.

ZOMBI: Se refiere a un borracho o chichipate obstinado a estar a verga 24/7. ➜ Cambio semántico: Es un seguidor obstinado en estar al día con la moda o tendencias modernas. Es similar al vocablo del inglés*: 'follower'*

ZOMPOPO: Es un tipo de hormiga grande que abunda en Guatemala, Honduras y El Salvador. Del náhuatl *'Tzíc'* hormiga y *'popotl'* que significa grande o hinchado.

ZOPE. Es una apócope de zopilote. Es un ave carroñera. Su nombre proviene del náhuatl *'Tzopilot'* y está compuesta de *'Tzotl'* que quiere decir 'inmundicia' y *'pilotl'* que significa 'colgante' o 'de arriba'. ➜ Cambio semántico: Vómito. Sinónimos Basca, buitre, etc.

ZUMBA: Se refiere a una borrachera consuetudinaria.

ZUMBA CUNETERA: Es una borrachera consuetudinaria terminal. Este tipo de zumba, llamada a veces 'zumbetera', es típica de bolos bien fogueados, curtidos en guaro y generalmente ya con sus años encima. Debido a su edad y el abuso del licor ya su cuerpo no da más. Siendo bolitos desahuciados terminan en las cunetas o barrancos del pueblo, a estas alturas ya el borracho ni cuenta se da de su lamentable y pobre existencia.

ZUMBAR: Equivale a una gran peste o mal olor. Ejemplo: *"En el gimnasio le dice el profesor a un estudiante. -No te quites los zapatos porque te zumban las patas"*.

ZURUMBO: Se refiere a <u>una persona mareada, turbada</u>, atontada, apendejada, aturdido, etc. ➔ Cambio semántico: <u>Cansar, estar harto, fastidiar</u>, etc. Ejemplo. *"Kevin dice emputado. -Brayan, vos y el serote de Yéffry ya me tienen z<u>urumbo</u> con que se van a dar verga y nunca lo hacen, te digo una cosa, si seguís hablando lo mismo, yo los voy a verguiar a los dos, me entendés, y vos Byron tenés mi permiso para Cuentiar a la Bessy. Brayan se queda desconcertado y Byron alegre dice. -Claro que sí jefe".*

CRÉDITOS

Luis A. Portillo
Autor
San Salvador, El Salvador

Colaboradores
Lexia M. Portillo
Editor

Iván S. Flores
Santa Ana, El Salvador

Rosa M. Carranza
San Miguel, El Salvador

Imágenes
Freddie J. Portillo
Pixabay
Pexels
Unsplash

Y SE ACABUCHO CARECHUCHO

Por ahora, se acabó, pero sabemos qué hay un gran talegazo de palabras, frases y refranes o dichos que se nos escamotearon, y que nos gustaría incluir en nuestra próxima adición. Si vos nos querés ayudar, mándanos tu aportación al email:

diccionario@diasporasvusa.com

Y lo vamos a incluir en nuestra próxima edición de este libro, claro, si el despije que tiene Rusia y Ucrania no se hace más paloma y comiencen a repartir pijazos a izquierda y derecha y nos toque uno a nosotros. Pero, de antemano, gracias, y salú.

Visita nuestra página

diasporasvusa.com

2023